Wilhelm Kaltenborn

Verdrängte Vergangenheit.

Die historischen Wurzeln des Anschlusszwanges
der Genossenschaften an Prüfungsverbände

AF145848

HEINRICH-KAUFMANN-STIFTUNG

Herausgegeben von der Heinrich-Kaufmann-Stiftung
des Zentralverbandes deutscher Konsumgenossenschaften e.V.
Besenbinderhof 60, 20097 Hamburg, Telefon 040 - 2800 3050
www.kaufmann-stiftung.de

Satz und Layout: Silke Wolf, Hamburg

Herstellung und Verlag: Books on Demand GmbH, Norderstedt
2015

ISBN: 978-3-73-476148-5

Inhalt

Verdrängte Vergangenheit.

Die historischen Wurzeln des Anschlusszwanges der Genossenschaften an Prüfungsverbände

Worum es geht

Im Mai 2014 ist ein Buch von mir erschienen, „Schein und Wirklichkeit", das sich kritisch mit dem real existierenden Genossenschaftswesen in Deutschland auseinandersetzt, zu manchen Erscheinungen sehr kritisch (vgl. Kaltenborn 2014: passim). Das Motiv meiner Auseinandersetzung ist die große Sympathie, die ich seit Jahrzehnten für Genossenschaften hege. Das deutsche Genossenschaftswesen dagegen scheint mir eine ganze Reihe von Absonderlichkeiten und Widersprüchen aufzuweisen, so zahlreich und so gravierend, dass es zwar zeitraubend war, aber sonst nicht viel Mühe bereitete, mit ihnen (den Absonderlichkeiten und Widersprüchen) ein ganzes Buch zu füllen. Einer der zentralen Punkte meiner Kritik ist die gesetzliche Pflicht der (eingetragenen) Genossenschaften, Mitglied in einem Prüfungsverband zu sein. Abgesehen davon, dass ich grundsätzlich gegen Zwänge Aversionen habe, verschärfen im Falle dieser gesetzlich erzwungenen Mitgliedschaft ihre historischen Wurzeln meine Antipathien erheblich. Es handelte sich nämlich um eine Novellierung des Genossenschaftsgesetzes vom Oktober 1934, also 21 Monate nach der nationalsozialistischen Machtübernahme. Diese Gesetzesänderung war Bestandteil der vollständigen Gleichschaltung und Unterwerfung des Genossenschaftswesens durch die nationalsozialistischen Machthaber. Nach 1945 gab es keine öffentliche Auseinandersetzung der Genossenschaftsverbände mit ihrer Vergangenheit im Nationalsozialismus. Es geschah nichts weiter, als dass einige Märchen gesponnen wurden, die darauf hinaus liefen, dass das Genossenschaftswesen keinesfalls seine Unschuld verloren hatte, auch nicht durch jenes von Adolf Hitler als Führer und Reichskanzler unterschriebene Gesetz vom Oktober 1934. Und schließlich: Die von den Genossenschaftsverbänden gesehene positive Wirkung des Anschlusszwangs, nämlich die Insolvenzfestigkeit der Genossenschaften, lässt sich auch auf anderen Wegen erreichen.

Die Passagen meines Buches, die sich mit der Entstehung des Anschlusszwanges, der Zerstörung der genossenschaftlichen Identität in der Zeit der nationalsozialistischen Herrschaft und den dazu erzählten Märchen des offiziellen Genossenschaftswesens befassen, sind in der vorliegenden Veröffentlichung zusammengefasst, überarbeitet und ergänzt – wobei ich hinsichtlich der Ergänzungen Burchard Bösche wertvolle Hinweise verdanke.

Anfänge der modernen Genossenschaftsbewegung

Zunächst sind aber noch einige Bemerkungen zum historischen Ausgangspunkt der modernen Genossenschaften in Deutschland und ihren ursprünglichen Zielen zu machen. Genossenschaftliche Organisationsformen sind uralt und in vielen, wenn nicht sogar in allen Kulturen der Welt verbreitet. Es gibt sie in den unterschiedlichsten Ausprägungen. Die Geschichte der modernen Genossenschaften beginnt in Deutschland mit einem Mann, dessen Name, Hermann Schulze-Delitzsch, noch heute weithin bekannt ist. Übrigens, da ich es mir schon vor längerer Zeit angewöhnt habe, statt von Schulze-Delitzsch lediglich von Schulze zu sprechen, belasse ich es auch jetzt dabei. Denn der bürgerliche Name des 1808 geborenen Hermann Schulze aus der seit 1815 preußischen (vorher und heute wieder sächsischen) Stadt Delitzsch änderte sich nicht. Er selbst gebrauchte zwar den Doppelnamen im öffentlichen Leben – vor allem bei seinen Veröffentlichungen - seit den 50er Jahren des 19. Jahrhunderts. Aber selbst in der Darstellung seines Lebens und seines Werks – einer quasi offiziösen Biographie - von Friedrich Thorwart und Philipp Stein im abschließenden fünften Band von Schulzes Schriften und Reden ist durchgehend von Schulze die Rede (vgl. Thorwart 1913: passim). Schulze also, Mitglied der aus der 1848er Revolution hervorgegangenen preußischen „Nationalversammlung", entschiedener Demokrat, Mitbegründer der liberalen Fortschrittspartei in Preußen, führender Nationalpolitiker, gründete 1849 in seiner Heimatstadt Delitzsch zwei Genossenschaften, von denen aus ein ununterbrochener historischer Strang bis heute reicht. Bei diesen Gründungen handelte es sich um so genannte Rohstoffassoziationen (je eine für Tischler und Schuhmacher), also Einkaufsgenossenschaften. Sehr schnell kam es zu zahlreichen ähnlichen Gründungen in ganz Deutschland, einschließlich der zum deutschen Bund gehörenden Gebiete der Habsburgermonarchie. Von erheblicher Bedeutung in diesem Prozess waren die Vorschuss- und Kreditvereine, aus denen die heutigen Volksbanken hervorgegangen sind. Schulze selbst entwickelte zeitgleich mit seinen Gründungen ein theoretisches Konzept dazu. Genossenschaften waren für ihn ein – kleiner – Teil eines umfassenden gesellschaftspolitischen Reformprogramms, mit dem er nicht weniger erreichen wollte, als die Lösung der sozialen Frage. Zu seinem Konzept gehörte auch die Gründung von Gewerkschaften, die dann unter dem Namen „Gewerkvereine" bis 1933 existierten und zum Beispiel im Winter 1869/70 im Waldenburger Kohlerevier Schlesiens den bis dahin umfangreichsten Streik in Deutschland durchführten. Als Parlamentarier hat er – am Ende erfolgreich - entschieden für die Koalitionsfreiheit der Arbeiter gekämpft. Schulzes Grundprinzip für die Lösung der sozialen Frage war die Selbsthilfe. Sie galt für ihn unabdingbar auch hinsichtlich der genossenschaftlichen Zusammenschlüsse. Staatshilfe lehnte er konsequent ab, es sei denn, eine aktuelle Notlage etwa aufgrund einer Naturkatastrophe musste gelindert werden. Selbsthilfe, das schloss für Schulze auch und ganz besonders die vollständige Haftung der Mitglieder für ihre Genossenschaft mit ein. Schulen der Demokratie nannte er die Genossenschaften. Denn in ihnen sollte auch die Selbstverwaltung in den Gemeinden und im Staat eingeübt werden. Der – damals weitgehend obrigkeitlich verfasste – Staat sollte außen vorgelassen werden. Diese Positionen entsprangen den demokratischen und liberalen Grundüberzeugungen Schulzes. Ein weiteres unbedingtes Grundprinzip war für Schulze und für alle ihm folgenden Genossenschafter, auch für Raiffeisen, die Freiwilligkeit. Zwang hatte im gesamten Genossenschaftsleben keinen Platz (vgl. Kaltenborn 2012a u. 2012b: passim).

Im Zusammenhang mit dem Entstehen der modernen Genossenschaften ist auch dieser Name, Friedrich Wilhelm Raiffeisen, zu nennen. Er suchte mit seinen Gründungen und seinem Konzept die bäuerliche Not zu überwinden. Als Bürgermeister eines Westerwälder Dorfes experimentierte er sozusagen von 1847 an mit verschiedenen institutionellen Modellen, aus denen er dann sein genossenschaftliches Konzept entwickelte. Grundsätzlich war auch er der Selbsthilfe verpflichtet. Sie galt bei ihm aber modifiziert. Da Raiffeisen im Unterschied zu Schulze von einer entschieden christlichen Grundhaltung geprägt war, sollten und konnten in seinen Vereinen die Wohlhabenderen sich umfangreicher engagieren als die Armen. Die unbeschränkte Haftung der Genossenschaftsmitglieder galt für Raiffeisen allerdings noch entschiedener als bei Schulze (vgl. Kaltenborn 2014: 40ff.).

Das Genossenschaftsgesetz und seine Entwicklung

Rund zehn Jahre nach den ersten genossenschaftlichen Gründungen Schulzes in Delitzsch wurde, angesichts des zwischenzeitlichen Wachstums der Genossenschaftsbewegung, zunehmend die Frage nach einem zufrieden stellenden rechtlichen Status der neuen Gebilde diskutiert. Die vorhandenen Formen des (preußischen) Rechtssystems waren unzureichend. Da gab es einmal die Gestalt der privatrechtlichen Vereinigung. Sie genügte Schulze auch in keiner ihrer Unterformen vor allem deshalb nicht, „weil sich der Gesetzgeber dabei alle möglichen Zwecke mit alleinigem Ausschluß des ,*Geschäftsbetriebes*' [Hervorhebung von mir] gedacht hat, welcher gerade das charakteristische Merkmal der *Genossenschaft* ist [...]". Die andere zur Verfügung stehende Rechtsform, die „Societät des Römisch-Deutschen Privatrechts" war ebenfalls unzureichend, weil bei ihr der Wechsel in den beteiligten Personen kaum oder jedenfalls nur unter äußerst umständlichen und belastenden Bedingungen möglich war. Die prinzipiell ständig gegebenen Veränderungen in der personellen Zusammensetzung unter den Mitgliedern waren aber nach Schulzes Verständnis für eine Genossenschaft unabdingbar (vgl.

Schulze-Delitzsch 1870a: 258).

Also musste eine spezifische Form geschaffen werden. Seinen ersten dementsprechenden Gesetzesentwurf legte Schulze schon 1859 vor. Der Entwurf bestand aus nur fünf Paragraphen. Er wurde im Kern aber sehr rasch gegenstandslos, denn 1861 trat auch in Preußen das Allgemeine Deutsche Handelsgesetzbuch in Kraft, das noch von der Deutschen Nationalversammlung 1848/49 in Frankfurt beschlossen worden war und von den deutschen Einzelstaaten nach und nach adaptiert wurde. Jetzt musste geprüft werden, ob und inwieweit die darin enthaltenen kodifizierten Rechtsformen den Genossenschaften ausgereicht hätten. Das taten sie nach Schulzes Überzeugung nicht (vgl. Schulze-Delitzsch 1870b: 260ff.). Ein neuer Gesetzesentwurf musste also konzipiert werden.

Seit 1861 war Schulze dank einer Nachwahl Mitglied des Preußischen Abgeordnetenhauses, der zweiten Kammer des Landtages. Im März 1863 brachte er seinen Gesetzentwurf ein, der von 88 weiteren Abgeordneten (allesamt zur Deutschen Fortschrittspartei gehörend, also der von Schulze mitbegründeten linksliberalen Partei) unterzeichnet war. Er wurde im zuständigen Ausschuss (die Ausschüsse hießen im preußischen Abgeordnetenhaus Kommissionen) und in der ersten Kammer, dem nicht gewählten Herrenhaus, beraten und geändert; es gab einen stark modifizierten Gegenentwurf der preußischen Regierung und daraufhin erneute Beratungen sowohl in der zuständigen Kommission als auch im Herrenhaus und im Plenum des Abgeordnetenhaus. Dann wurde das Gesetz verabschiedet und trat 1867 in Kraft. Es wurde nahezu unverändert nach der Gründung des Deutschen Reiches 1871 Reichsgesetz (vgl. Preußischer LT 1863, GenG 1867 u. GenG 1871).

Das Gesetz wich in einigen Bestimmungen, für Schulze sogar in wesentlichen Bestimmungen, von dessen Vorstellungen ab.

Um nur zwei Punkte zu nennen: Laut Gesetz hatte das Statut die „Bedingungen des Stimmrechts" zu enthalten, wobei Mehrstimmrechte erlaubt waren (§ 3), allerdings kam im Falle, dass das Statut dazu nichts bestimmt, jedem Mitglied eine Stimme zu (§ 9). Diese Regelung entsprach überhaupt nicht Schulzes genossenschaftlichen Vorstellungen, aber war gerade deshalb für ihn in der Praxis gegenstandslos. Denn für wahre Genossenschaften, davon war er fest überzeugt, wäre diese Möglichkeit völlig inakzeptabel. Sie würden niemals das Mehrstimmrecht anwenden. Zweitens: Die Verteilung von Gewinn oder Verlust habe – so das Gesetz - gleichmäßig nach Köpfen zu erfolgen, wenn das Statut nichts anderes vorsehe (§ 8). Schulzes Entwurf postulierte ohne Einschränkung, dass die Gewinn- und Verlustverteilung nach „Köpfen" vorzunehmen sei (§ 9). Die für Schulze unabdingbare Solidarhaft sah § 11 des Gesetzes vor. (Vgl Parisius 1868: passim u. GenG 1867: passim).

Es bleibt also festzuhalten, dass das endliche Gesetz in einigen wesentlichen Punkten mit Schulzes Vorstellungen nicht übereinstimmte. Das Strucksche Gesetz, jene Feststellung des früheren Vorsitzenden der SPD-Bundestagsfraktion, wonach kein Gesetz das Parlament so verlässt, wie es als Entwurf hineingekommen ist, galt auch schon vor hundertfünfzig Jahren. Es lässt sich also nur mit Einschränkungen von ‚Schulzes Gesetz' sprechen. Er hat es initiiert und er hat voller Energie dafür gekämpft. Kompromisse musste er allerdings eingehen. In der Folgezeit erfuhr das Gesetz einige Änderungen, die hier aber vernachlässigt werden können.

Von Schulze erschien im Jahr seines Todes, 1883, eine gut hundert Seiten umfassende Schrift, in der er seine Überlegungen zu einer Revision des geltenden Genossenschaftsgesetzes darlegte. Danach sollten unter anderem Versicherungsgesellschaften sich nicht als Genossenschaften bilden dürfen. Es hatte zuvor zum Unwillen Schulzes entsprechende Versuche von Versicherungsgesellschaften auf Gegenseitigkeit gegeben. Die unterlagen aber der Staatsaufsicht und wären deshalb innerhalb des Genossenschaftswesens ein Fremdkörper geblieben. Für Schulze war ja die größtmögliche Staatsferne der Genossenschaften von zentraler Bedeutung. Wie sonst hätten sie im immer noch weitgehenden Obrigkeitsstaat „Schulen der Demokratie" sein können. Hinsichtlich der Prüfung von Genossenschaften forderte Schulze eine Bestimmung, wonach alle zwei bis drei Jahre eine Superrevision durch einen sachverständigen Revisor stattfinden sollte. Diese Vorschrift war als Abwehr eines anderen Antrages im Reichstag zur Novellierung des Gesetzes gedacht, in dem den kommunalen Behörden ein Aufsichtsrecht zugestanden werden sollte. Das wollte Schulze unter allen Umständen verhindern (vgl. Schulze-Delitzsch 1883a: passim).

Mittlerweile war Schulze ein wenig offener für die zusätzliche Zulassung von Genossenschaften mit beschränkter Haftung. Er bekämpfte aber entschieden die Beschränkung der Haftung lediglich auf die Geschäftsanteile. Aber er hielt jetzt eine beschränkte Garantiehaft für denkbar. Das sollte bedeuten, dass das Statut ein bestimmtes haftendes Minimalkapital vorschreiben müsste. Schulze war aber fest davon überzeugt, jedenfalls gab er dieser Überzeugung deutlichen Ausdruck, dass *„der Stamm der Genossenschaften* nach wie vor der bewährten, unbeschränkten Haftpflicht treu bleiben"* werde. Denn die Gläubiger könnten nicht auf das Vermögen *einzelner, ausgewählter* Mitglieder zugreifen (vgl. Schulze-Delitzsch 1883a: 68).

Das war sozusagen das genossenschaftspolitische Testament Schulzes. In seinem gesellschaftspolitischen Testament (einem Aufsatz, der postum ebenfalls im Jahr seines Todes erschien), weist er der Genossenschaftsbewegung nach wie vor ihren zentralen gesellschaftlichen Platz als Teil einer umfassenden Bewegung zur Lösung der sozialen Frage zu (vgl. Schulze-Delitzsch

1883b: passim). Die Entwicklung nach Schulzes Tod ging dann sowohl gesellschaftlich als auch rechtlich ihre eigenen Wege. Es gab lebhafte Diskussionen und Beratungen über eine Revision des Genossenschaftsgesetzes. Die verschiedensten politischen Gruppierungen beteiligten sich daran. Das Jahr 1889 sah dann eine Neufassung des Gesetzes, und zwar mit einigen Bestimmungen, die weit über die bisherigen Regelungen hinausgingen.

Eine entscheidende Neuerung betraf die Revision. Ihr war jetzt ein eigener Abschnitt mit 12 Paragrafen eingeräumt, der unter anderem folgende Regelungen vorsah: Die Prüfung einer Genossenschaft hatte mindestens alle zwei Jahre durch einen sachverständigen Revisor zu erfolgen (§ 51), der gerichtlich auf Antrag der Genossenschaft zu bestellen war (§ 59). Zuvor hatte aber die „höhere Verwaltungsbehörde" ihr Einverständnis zu erklären (§ 59). Damit war eine wichtige Säule der Genossenschaftskonstruktion Schulzes geborsten. Er hatte stets dafür gekämpft, die staatlichen Behörden gänzlich von der Genossenschaftsbewegung fernzuhalten. Gehörte eine Genossenschaft einem Verband an (der bestimmte Kriterien zu erfüllen hatte), hatte dieser den Revisor zu bestellen (§ 52). Das Recht zur Bestellung von Revisoren seitens des Verbandes war vom Staat zu genehmigen (§ 55). Auch das widersprach eklatant den Intentionen Schulzes. Das Statut des Verbandes war sowohl den Gerichten als auch der höheren Verwaltungsbehörde einzureichen (§ 56). Als Zweck musste der Verband „die Revision der ihm angehörigen Genossenschaften" haben und konnte als weiteren Zweck „die gemeinsame Wahrnehmung ihrer im § 1 bezeichneten Interessen, insbesondere die Unterhaltung gegenseitiger Geschäftsbeziehungen" verfolgen (§ 53). (Vgl. GenG 1889).

Damit waren die Verbände durch das Gesetz in das Leben und Wirken der Genossenschaften eingetreten. Die Mitgliedschaft von Genossenschaften in Verbänden war allerdings nach wie vor freiwillig. Um die neuen Vorschriften wurden die heftigsten Auseinandersetzungen geführt. Der Freund Schulzes und erste Kommentator des Genossenschaftsgesetzes, Ludolf Parisius, berichtete dazu: „Mit großer Entschiedenheit haben sich genossenschaftliche Verbände gegen die Vorschläge des Entwurfs ausgesprochen. Der allgemeine Vereinstag zu Erfurt erklärte sich zwar dafür, daß durch das Gesetz die Genossenschaften verpflichtet werden, mindestens in jedem dritten Jahre ihre Einrichtungen und Geschäftsführung durch einen sachverständigen Revisor prüfen zu lassen, erachtete aber die übrigen Vorschläge jenes Abschnittes des Entwurfs als unvereinbar mit den Grundsätzen der Selbsthülfe.“ (Parisius 1889: XXII).

Der Nachfolger Schulzes als Anwalt des Allgemeinen Verbandes, Friedrich Schenck, sprach im Reichstag mehrmals und sehr ausführlich zum Entwurf dieses Genossenschaftsgesetzes. Er fand deutliche Worte, vor allem in seiner heftigen Kritik an den Bestimmungen zu den Verbänden, soweit sie die staatliche Aufsicht, einschließlich der Verleihung des Rechtes der Revision vorsahen. Er sagte: „Meine Herren, die Aufrechterhaltung dieser Bestimmungen würde zu schweren Schädigungen der Genossenschaften führen müssen; diese Bestimmungen sind mit der Stellung der Genossenschaften als freie Privatvereine unerträglich. Diese Bestimmungen, wenn sie Gesetz werden sollten, würden die bei den jetzt bestehenden Genossenschaften geschaffenen Revisionseinrichtungen beeinträchtigen und würden dadurch der genossenschaftlichen Entwickelung schweren Schaden bereiten, und sie würden endlich dem Staate eine Verantwortlichkeit zu wälzen, welche der Staat absolut nicht ertragen kann.“ Eine „Revisionseinrichtung mit ihren heilsamen Folgen kann nur bestehen und gedeihen auf dem Boden, auf dem sie entstanden ist, auf dem Boden der freien Selbstbestimmung der Genossenschaften. Meine Herren, *die Genossenschaft, die sich freiwillig der Revision unterstellt hat, die freiwillig den Mann wählt, dem sie die Revision ihrer Geschäftsführung übertragen will, wird auch dem Revisor, den sie sich selber gewählt hat, gern alle mögliche Auskunft ertheilen, die nothwendig ist, daß er ein richtiges Bild über die Geschäftsgebahrung erlangt und daß er den richtigen Rath der Genossenschaft ertheilen kann; und diese Genossenschaft wird auch bereit sein, den Vorschlägen und Rathschlägen dieses Revisors Folge zu leisten."* (Hervorhebung von mir). Schenck fügte dem hinzu: „Unsere Genossenschaften sind Gesellschaften, die auf dem Boden des Privatverkehrs stehen, die nur zu dem Zwecke gegründet sind, den Erwerb und die Wirthschaft ihrer Mitglieder zu fördern, und es ist ein Eingriff in Privatrechte, wie er bisher nicht dagewesen ist, daß diese Vereine gezwungen werden sollen, von einer außer ihnen stehenden Person ihre Geschäfte revidiren zu lassen; es würde deshalb eine solche Bestimmung auf die Entwickelung der Genossenschaften von schädlichster Einwirkung sein müssen". (RT 1888) .

Es bleibt also festzuhalten: Die Genossenschaftsverbände wehrten sich massiv dagegen, dass sie ihre Rolle durch das Genossenschaftsgesetz zugeschrieben bekamen. Sie sahen dadurch die Selbsthilfe, eines der grundlegenden Prinzipien der Genossenschaftsbewegung, gefährdet. Innerhalb der Genossenschaftsbewegung (Schulzescher Prägung) gab es denn daraufhin auch intensive Diskussionen und heftige Aufregungen. Viele Genossenschaften verließen ihre eigene Bewegung und wandelten sich in Aktiengesellschaften um. Friedrich Thorwart, der später die Sammlung von Schriften und Reden Schulzes herausgab, schrieb dazu in der Verbandszeitschrift: „Es kann nicht befremden, daß, geleitet von dem Gefühle des Mißmuths, gleichzeitig hier und dort die Frage aufgeworfen wird, ob man nicht besser daran thue, der Form der Genossenschaft Valet zu sagen und zur Umwandlung in die in ihrer geschäftlichen Thätigkeit viel unbehindertere, der Staatsrevision nicht ausgesetzte Aktiengesellschaft zu schreiten." (Thorwart 1889: 165f.) Ein anderer Autor resümierte in der Zeitschrift: „Die Zahl der in Aktiengesellschaften verwandelten Genossenschaften ist nicht gering und es scheint noch immer kein Stillstand in dieser Bewegung einzutreten." (Bernhardt 1889: 486f.).

Auch nach 1889 gab es noch zahlreiche Novellierungen des Genossenschaftsgesetzes. Sie sollen uns hier nicht beschäftigen. Nach der nationalsozialistischen Machtübernahme am 30. Januar 1933 wurden zunächst einige Änderungen am Genossenschaftsgesetz durchgeführt, die eher technischer Natur waren. Im Oktober 1934 kam es dann zu der folgenschweren Korrektur des Gesetzes, die im Zentrum dieser Darstellung steht. In den folgenden Jahren gab es noch eine ganze Reihe von Bestimmungen im Hinblick auf die immer straffere Führung der deutschen Wirtschaft einschließlich der Genossenschaften. Zum anderen wurde die allmähliche Zerstörung der Konsumgenossenschaften betrieben. Nach dem Krieg wurden dann in der Bundesrepublik Deutschland solche Bestimmungen teilweise wieder aufgehoben oder zumindest modifiziert.

Die Entwicklung der Verbände

Die erste Gründung eines Genossenschaftsverbandes geschah 1859 in Weimar. Es war Schulze, der zu einer Versammlung der auf seiner Konzeption beruhenden Genossenschaften aufgerufen hatte. Zu dieser Zeit wurde übrigens – auch von Schulze selbst – noch häufig das Wort ‚Verein' gebraucht, wenn von Genossenschaften die Rede war. Denn es existierte ja noch kein Genossenschaftsgesetz – die Arbeit, dafür zu sorgen, stand Schulze noch bevor – und so war der Verein die gebotene Rechtsform.

Auf Anregung Schulzes gründeten nun also Mitte Juni 1859 32 dieser Vereine ihren Verband, der den umständlichen Namen ‚Central-Correspondenz-Bureau der deutschen Vorschuß- und Creditvereine' trug. Es handelte sich zunächst ausschließlich um Vorschussvereine, die Vorläufer der Volksbanken, die diesen Zusammenschluss trugen. Er sollte gegenseitige geschäftliche Beziehungen anbahnen, den Erfahrungsaustausch organisieren und der „Verständigung bei Verfolgung gemeinsamer Interessen" dienen. Es war allein Schulze, der die in diesem Korrespondenzbüro anfallenden Arbeiten erledigte, anfänglich sogar unentgeltlich. Sehr bald aber wurde diese Tätigkeit, die ihn voll und ganz ausfüllte, honoriert.

Wenige Jahre später kam es zu einer Namensänderung. Die Genossenschaftsorganisation hieß jetzt: ‚Allgemeiner Verband der auf Selbsthülfe beruhenden deutschen Erwerbs- und Wirthschaftsgenossenschaften'. Der gewählte Geschäftsführer trug die Bezeichnung ‚Anwalt der deutschen Genossenschaften'; er hatte ein förmliches Büro zur Seite. Es gab Landes- und Provinzial-Unterverbände. Deren Direktoren bildeten den ‚engeren Ausschuss', moderner gesagt, den Verwaltungsrat. Das alles regelten ein Statut des Verbandes und die Geschäftsordnung des Vereinstages, wie die jährlich stattfindende Mitgliederversammlung des Verbandes bezeichnet wurde (vgl. Schulze-Delitzsch 1870c: 101ff.).

Nach Schulzes Tod 1883 wurde Friedrich Schenck sein Nachfolger als Verbandsanwalt. Schenck war ab diesem Jahr bis 1893 – wie vorher Schulze – Mitglied des Reichstages, ebenfalls für die Deutsche Fortschrittspartei und sogar für den gleichen Wahlkreis, nämlich Wiesbaden-Rheingau. Später – 1901 – kam es durch Karl Korthaus zur Gründung des ‚Hauptverbandes deutscher gewerblicher Genossenschaften'. Dessen Klientel waren vor allem Handwerkergenossenschaften, denen beim Allgemeinen Verband die in der Schulzeschen Tradition stehende strikte

Ablehnung jeglicher staatlicher Unterstützung nicht passte (vgl. Faust 1977: 279ff.). Wiederum zwei Jahre später trennten sich die meisten Konsumgenossenschaften vom Allgemeinen Verband und gründeten 1903 in Dresden den ‚Zentralverband deutscher Konsumvereine'. Er stand der sozialdemokratisch orientierten Arbeiterbewegung nahe und vereinte bei seiner Gründung rund 600 Konsumgenossenschaften (vgl. Kaufmann 1903: passim). Weitere zehn Jahre später bildete sich der ‚Reichsverband deutscher Konsumvereine', der der katholischen Sozialbewegung zuzurechnen war und vor allem im Rheinland verankert war.

Auf der Seite der Raiffeisen-Bewegung standen bei der organisatorischen Zusammenfassung der Genossenschaften andere Ziele und Absichten im Vordergrund als bei den Schulzeschen Genossenschaften. Die Raiffeisenvereine waren von ihrem Initiator stringent auf ihre jeweilige dörfliche Siedlung begrenzt. Innerhalb dieser Gemeinschaft war von jedem Mitglied bekannt, wie seine wirtschaftliche Lage wohl aussehe. Dadurch verminderten sich die Risiken des Darlehnsgeschäfts der örtlichen Kassen. Andererseits aber war kein Ausgleich zwischen den einzelnen Darlehnskassen-Vereinen möglich, von denen manche knapp an Mitteln waren, während andere zur gleichen Zeit über nennenswerte Reserven verfügten. So schritt Raiffeisen nach einigen tastenden Versuchen zur Gründung einer Bank, und zwar als Genossenschaft, deren Mitglieder Darlehnskassenvereine waren. Das war die ‚Rheinische Landwirtschaftliche Genossenschaftsbank eG' mit Sitz in Neuwied. Sie wurde 1872 von 11 Raiffeisen-Genossenschaften gegründet. Bei ihr handelte es sich also um die erste Genossenschaft höheren Grades, um eine Zentralgenossenschaft. In der Folgezeit wurden weitere solcher Institute gegründet. Schließlich schuf Raiffeisen, um den Geldausgleich wiederum zwischen den regionalen Banken zu bewerkstelligen, eine weitere Stufe, die ‚Deutsche Landwirtschaftliche Generalbank', ebenfalls in der Rechtsform einer Genossenschaft, mit den schon bestehenden Zentralgenossenschaften als Mitglieder (vgl. Faust 1977: 346ff.).

Das Genossenschaftsgesetz dieser Zeit – im Prinzip immer noch das erste Gesetz von 1867 – sah die Bildung von Genossenschaften aus Genossenschaften nicht vor. Schulze intervenierte deshalb gegen die Konstruktion Raiffeisens. Dieser musste sein Modell liquidieren. Er gründete aber eine neue zentrale Ausgleichskasse, die ,Landwirtschaftliche Central-Darlehnskasse', dieses Mal allerdings in der Rechtsform einer Aktiengesellschaft, wenn auch mit den wichtigsten Merkmalen einer Genossenschaft. Einen eigentlichen Verband für seine Genossenschaften gründete Raiffeisen dann 1877, den ,Anwaltschaftsverband ländlicher Genossenschaften'. Dessen Organisation war der des Allgemeinen Verbandes vergleichbar und auch die Zielsetzungen ähnelten sich, einschließlich der wirtschaftlichen. Bei der Gründung hatte der Verband 24 Mitglieder, als Raiffeisen 1888 starb – er hatte bis dahin als Anwalt den Verband geleitet -, zählte die Organisation über 400 Mitglieder (vgl. Faust 1977: 351ff.). Nach einer längeren, komplizierten Vorgeschichte war es schon vorher, 1883, zur Gründung der ,Vereinigung der deutschen landwirtschaftlichen Genossenschaften' gekommen, die sich 1903 in ,Reichsverband der deutschen landwirtschaftlichen Genossenschaften' umbenannte. Der Verband stand unter der Führung von Wilhelm Haas, der anfänglich bei der Raiffeisen-Bewegung engagiert war. (Vgl. Faust 1977: 387ff.).

Von Victor Aimé Huber und seinen theoretischen und praktischen Bemühungen ausgehend, gewann seit Ende der vierziger Jahre des 19. Jahrhunderts auch der Gedanke der Wohnungsbaugenossenschaften allmählich an Boden. Huber hatte schon vor Schulze den Gedanken der Selbsthilfe propagiert. Seine entsprechende Veröffentlichung, deren Titel schon von der „Selbsthülfe der arbeitenden Klassen" sprach, erschien 1848. Aber erst nach der Reichsgründung wurden in den siebziger Jahren in nennenswertem Umfang Baugenossenschaften gegründet. Ihren ersten Verband gründeten sie 1896 (vgl. Faust 1977: 515ff.).

Der Allgemeine Verband Schulzescher Prägung und der Korthaus-Verband schlossen sich 1920 unter dem Namen ‚Deutscher Genossenschaftsverband e. V.' (DGV) wieder zusammen. Die beiden großen Verbände der landwirtschaftlichen Genossenschaften vereinigten sich mit weiteren kleinen Verbänden 1930 zum ‚Reichsverband der deutschen landwirtschaftlichen Genossenschaften – Raiffeisen – e. V.'. Ende 1932 hatten der Raiffeisen-Verband rund 35.500 Mitglieder, der DGV rund 3.200 Mitglieder, der ‚Hauptverband der Baugenossenschaften' rund 2.700 Mitglieder, der ‚Zentralverband der Konsumvereine' rund 1.000 Mitglieder, der ‚Reichsverband der Konsumvereine' rund 250 Mitglieder (vgl. St. Jb. 1933: 378). Daneben bestand noch eine ganze Reihe kleinerer Genossenschaftsverbände.

Heute gibt es ungefähr 40 genossenschaftliche Prüfungsverbände. Davon sind rund ein Dutzend im Bundesverband deutscher Wohnungs- und Immobilienunternehmen e. V. (GdW) organisiert. Der GdW erfasst die Unternehmen seiner Branche unabhängig von ihrer Rechtsform. Die frühere organisatorische Trennung von gewerblichen und landwirtschaftlichen Genossenschaften ist seit rund 40 Jahren aufgehoben. So ist heute der Deutsche Genossenschafts- und Raiffeisenverband (DGRV) die weitaus größte genossenschaftliche Organisation. Ihm ist eine recht komplizierte Organisationsstruktur eigen. Stark vereinfacht gesagt: Dem DGRV sind einerseits fünf große regionale Prüfungsverbände angeschlossen, der Genossenschaftsverband Bayern, der Baden-Württembergische Genossenschaftsverband, der Rheinisch-Westfälische Genossenschaftsverband, der Genossenschaftsverband Weser-Ems und die geographisch umfangreichste und zugleich in der Namensgebung bescheidenste Organisation, nämlich der Genossenschaftsverband e. V. Er trägt wirklich diesen verschwommenen Namen. Andererseits hat der DGRV vier Bundesverbände als Mitglieder: den Bundesverband der deutschen Volksbanken und Raiffeisenbanken (BVR), den Deutschen Raiffeisenverband (drv), den Mittelstandsverbund ZGV, dem auch nichtgenossenschaftliche Unternehmenskooperationen angehören und als kleinsten Verband den Zentralverband deutscher Konsumgenossenschaften (ZdK), der heute Genossenschaften aller Branchen vereint. Schließlich sind noch die etwa 12 kleinen Prüfungsverbände außerhalb des DGRV zu nennen. Ihnen dürften insgesamt nur wenige hundert, maximal vielleicht tausend Genossenschaften angehören. Die Zahl der Wohnungsgenossenschaften wird mit 1.900 angegeben. Zum DGRV gehören knapp 5.700 Genossenschaften, davon rund 1.100 Kreditinstitute, über 2.300 ländliche Genossenschaften, knapp 2.500 gewerbliche und nicht mehr als 30 Konsumgenossenschaften. Alles in allem gibt es also in Deutschland um die 8.000 Genossenschaften. Insgesamt zählen alle Genossenschaften 21,5 Mio. Mitglieder (Doppelmitgliedschaften eingeschlossen), davon allein die genossenschaftlichen Kreditinstituten etwa 17,3 Mio., die Wohnungsgenossenschaften 2,8 Mio., die ländlichen und die gewerblichen Genossenschaften je 0,5 Mio. und die Konsumgenossenschaften 0,3 Mio. Mitglieder. (Vgl. Stappel 2013: 40).

Der Anschlusszwang – seine Implantation im Oktober 1934

Die bedeutsamste Regelung des Genossenschaftsgesetzes zum Verhältnis von Genossenschaft zu Prüfungsverband enthält § 54.

Er lautet: „Die Genossenschaft muss einem Verband angehören, dem das Prüfungsrecht verliehen ist (Prüfungsverband)." Diese Vorschrift besteht seit der Gesetzesänderung vom Oktober 1934. Die logische Konsequenz daraus formuliert dann § 55: „Die Genossenschaft wird durch den Verband geprüft, dem sie angehört." (GenG 1934).

Dieser Tatbestand der verbindlich vorgeschriebenen Mitgliedschaft aller Genossenschaften in einem Prüfungsverband wurde seit 1934 „Anschlusszwang" genannt.

Diese Überschrift trug auch die entsprechende Passage in der Begründung der nationalsozialistischen Reichsregierung zur Gesetzesänderung. Darin heißt es: Da den Genossenschaften bis dahin „auch der Austritt gesetzlich nicht verwehrt war, konnten sie sich unbequemen Anordnungen ihres Revisionsverbandes dadurch entziehen, daß sie ihre Mitgliedschaft kündigten und gegebenenfalls – wenn überhaupt – einem anderen Revisionsverband beitraten. Andererseits waren die Verbände in der Lage, Genossenschaften, die sich ihren Anordnungen nicht fügten, auszuschließen und sie auf diese Weise sich selbst zu überlassen. Daß die Genossenschaften, die einem Revisionsverband nicht angehörten, durch einen vom Gericht bestellten Prüfer geprüft wurden, war nur ein unzureichender Ersatz für die Prüfung durch den Revisionsverband." Ferner hieß es: „Es bedarf der *straffen Zusammenfassung* der Prüfung aller Genossenschaften bei den zuständigen Prüfungsverbänden." (GenG Begründung 1934; Hervorhebung von mir). Von der Vermeidung von Insolvenzen war in der offiziellen Begründung keine Rede und von Pflichtmitgliedschaft auch nicht.

Die Novelle zum Genossenschaftsgesetz wurde formal von der Reichsregierung beschlossen und von Adolf Hitler als „Führer und Reichskanzler" und dem Reichsjustizminister Gürtner unterschrieben. Zu ihrer Rechtskraft bedurfte es keiner parlamentarischen Mitwirkung mehr. Seit dem Ermächtigungsgesetz vom März 1933 lag die gesamte Staatsgewalt bei der nationalsozialistischen Reichsregierung.

Der Anschlusszwang – seine Rechtfertigung heute

Dieser Anschlusszwang wird heute von Verbandsvertretern immer wieder sehr eindringlich damit begründet, dass auf diese Weise Insolvenzen bei Genossenschaften verhindert würden. Schon bei der Anmeldung einer neu gegründeten Genossenschaft beim Registergericht müsse eine Bescheinigung vorgelegt werden, wonach der Prüfungsverband – vereinfacht gesagt – die Genossenschaft für lebensfähig hält. Danach dann decke die regelmäßige sachverständige Prüfung, der dank des Anschlusszwanges jede Genossenschaft unterworfen sei, Schwachstellen rechtzeitig auf und rette Genossenschaften vor dem Untergang. Deshalb sei der Anschlusszwang sinnvoll und notwendig. Die Verbände nennen ihn allerdings – wenn auch völlig ahistorisch – Pflichtmitgliedschaft. Man kann aus guten Gründen aber auch von Zwangsmitgliedschaft sprechen.

Auch in den Kommentaren zum Genossenschaftsgesetz wird das Wort Pflichtmitgliedschaft gebraucht. Das gilt – wenig überraschend – in erster Linie für den verbandsnahen Kommentar, den „Lang/Weidmüller". Er erschien 2011 in der 37. Auflage. Er knüpft in ununterbrochener Reihe an den ersten Kommentar zum (preußischen) Genossenschaftsgesetz von 1867 an, den 1868 erschienenen Kommentar von Schulzes Freund Ludwig Parisius, der beim Verlag als die erste Auflage des „Lang/Weidmüller" gilt. In der jüngsten Auflage heißt es nun im Rückblick auf 1934 und die Situation zuvor, was die Paragraphen 54 und 55 betrifft (dieser Teil ist von Otto Korte bearbeitet): „Soweit eG keinen Revisionsverband angehörten, wurde der Revisor durch das zuständige Gericht bestellt. Mit dieser Einschaltung der Gerichte wurden jedoch insgesamt keine guten Erfahrungen gemacht, da die Revisoren kaum über die erforderlichen Erfahrungen im Genossenschaftsbereich verfügen konnten; es fehlte insb. auch an einer langfristig angelegten, systematischen Auswertung der Prüfungsergebnisse und der daraus folgenden Betreuungsarbeit. Der sachverständigen Betreuung und Prüfung durch Revisoren genossenschaftlicher Prüfungsverbände konnten sich die eG durch aus Austritt aus dem Verband entziehen.

Diese Erfahrungen und die Erkenntnisse der Weltwirtschaftskrise zu Beginn der 30er Jahre des letzten Jahrhunderts führten zur gesetzlichen Neuregelung 1934." (Lang/Weidmüller 2011: 632).

Und weiterhin wird gesagt: „Diese Pflichtmitgliedschaft beruht auf der Erfahrung, dass sich die Prüfung durch gerichtlich bestellte Revisoren nicht bewährt hatte, dass die Prüfung erst ihre volle Wirksamkeit im Zusammenhang mit einer kontinuierlichen Betreuung und Prüfungsverfolgung durch denselben Prüfungsverband zeigen kann und dass verbandsangehörige eG Krisensituationen besser überstanden haben als andere eG oder Unternehmen anderer Rechtsform. Dies zeigte sich vor allem in den Krisenjahren vor der Gesetzesänderung 1934." (Lang/Weidmüller 2011: 650).

Die große Weltwirtschaftskrise in den Jahren um 1930 habe also die Genossenschaften außerhalb der Prüfungsverbände stärker gebeutelt. Auch andere Kommentatoren des Genossenschaftsgesetzes erzählen diese Geschichte, so zum Beispiel Beuthien: „Nach dem ersten Weltkrieg u in der Weltwirtschaftskrise 1930/31 brachen dann vornehmlich solche Gen zusammen, die keinem Verband angehörten." (Beuthien 2011: 674) Hartmut

Glenk behauptet begründungslos in seinem Genossenschafts-Handbuch von 1996 kurz und bündig, das Gesetz von 1889 sei in dieser Frage mangelhaft gewesen: „Da sich die gesetzliche Regelung von 1889, wonach Verband oder Gericht einen Revisor zu bestellen hatten, nicht bewährte, wurde die Prüfungsverantwortung durch Gesetzesänderung von 1934 dem Verband übertragen, dem die Genossenschaft angehört." (Glenk 1996: 265). In seiner zweiten, unter umformuliertem Titel erschienenen Auflage von 2013 schließt sich Glenk beiden Behauptungen aus dem Lang/Weidmüller an, sowohl der, wonach den Prüfungsverbänden die geringe Insolvenzanfälligkeit von Genossenschaften zu verdanken ist, als auch der, dass in der Weltwirtschaftskrise andere, bösere Erfahrungen gemacht worden sein. Es heißt nämlich bei ihm „Im wesentlichen ist es den Prüfungsverbänden zu danken, daß in den letzten Jahren nur wenige Zusammenbrüche von Genossenschaften zu verzeichnen sind. Die eG hat sich somit als krisensicherste aller Rechtformen erwiesen." (Glenk 2013: 307). Und weiterhin sagt er: „Auch unter dem Eindruck der Weltwirtschaftskrise schien eine engere Anbindung an Genossenschaftsverbände sinnvoll." (Glenk 2013: 308).

Klaus Müller bewertet in seinem Kommentar die übliche Begründung schon etwas kritischer:

„Die Gründe für die Einführung der Pflichtmitgliedschaft in einem Genossenschaftsverband durch das Gesetz zur Änderung des Genossenschaftsgesetzes vom 30. Oktober 1934 (vgl. Rn. 1) waren schon für den damaligen Zeitpunkt bedenklich. Sie bestanden in der Vorstellung, daß die wirtschaftlichen Zusammenbrüche von Genossenschaften zu Ende der zwanziger Jahre und zu Beginn der dreißiger Jahre auf die Defizite dieser Genossenschaften in bezug auf wirtschaftlich angemessene Geschäftsgestaltung und insbesondere in bezug auf fachliche Kompetenz des Managements zurückzuführen seien, und daher eine

Eingliederung der Genossenschaften in ein Kontrollsystem mit weitreichenden Rechten zwangsweise anzuordnen sei. … Dabei wurden aber diese Zusammenbrüche in der damaligen Zeit bei der genossenschaftsrechtlichen und genossenschaftswirtschaftlichen Betrachtung völlig verengt nur als Phänomen der Genossenschaften gesehen, obwohl sie als Folge der Wirtschaftskrise und anderen – binnenwirtschaftlichen – Gegebenheiten gleichermaßen Unternehmen jeglicher Rechtsform betrafen." (Müller 1998: 757)

Krisenfestigkeit der Genossenschaften in der Weltwirtschaftskrise

In der Tat, die Gründe, die heute für die Novellierung des Gesetzes 1934 mit ihrer Einführung der Zwangsmitgliedschaft genannt werden, sind historisch völlig falsch. Das hat Müller in seinem Kommentar zutreffend erkannt. Dazu sehen wir uns jetzt einmal einige Zahlen an. Die eigentlichen, geradezu vernichtenden Krisenjahre waren die vier Jahre von Anfang 1929 bis einschließlich 1932 (vgl. z. B. Schulze 1993: 151 u. Wehler 2003: 257ff.). Stellen wir also fest, wie sich in dieser Zeit der Bestand an Genossenschaften in Deutschland verändert hat. Die Zahlen sind sämtlich den Statistischen Jahrbüchern des Deutschen Reiches jener Zeit entnommen. Sie enthielten Jahr für Jahr eine Übersicht mit dem Titel „Gesamtbestand an Genossenschaften (ohne Zentralgenossenschaften)", und zwar jeweils zum 1. Januar. Danach gab es 1929 52.153 Genossenschaften (vgl. St. Jb. 1929: 349), 1930 52.559 (vgl. St. Jb. 1933: 377), 1931 52.505 (vgl. St. Jb. 1933: 377), 1932 52.030 (vgl. St. Jb. 1933: 377) und 1933 51.499 Genossenschaften (vgl. St. Jb. 1933: 377).

Ihre Zahl nahm also in diesen vier Krisenjahren um 654 ab (wobei sie im ersten Krisenjahr sogar noch zunahm). Das sind sage und schreibe lediglich 1,25%.

Dabei handelt es sich um eine saldierte Zahl. In ihr sind also auch Gründungen ebenso enthalten wie sozusagen normale Abgänge (etwa aufgrund von Fusionen). Diese Zahl soll jetzt mit der entsprechenden Entwicklung bei Unternehmen anderer Rechtsformen verglichen werden. Auch hierbei handelt es sich um saldierte Zahlen. Bei den anderen Rechtsformen müsste nun, folgt man der heutigen Logik der Verbände und der Mehrzahl der Kommentatoren, der Schwund an Unternehmen noch geringer sein. Am aussagekräftigsten sind dazu die Angaben zu Aktiengesellschaften und zu Gesellschaften mit beschränkter Haftung. Auch hier helfen die Statistischen Jahrbücher.

Zunächst zu den Aktiengesellschaften: Hier verschiebt sich die Jahreszahl, weil der jeweilige Stichtag in den Statistischen Jahrbüchern im Unterschied zu den Genossenschaften der 31. Dezember ist. Eine epochenbedingte Besonderheit bei den Aktiengesellschaften jener Zeit hat die Währungsreform von 1923 in Gefolge der Hyperinflation mit sich gebracht. Es gab bis Anfang der 30er Jahre immer noch Aktiengesellschaften (allerdings nur wenige), die ihre Aktien noch auf Mark (die bis Ende 1923 gültige Bezeichnung) auswiesen und noch nicht auf Reichsmark (RM). Die Zahlen beziehen sich auf die Summe beider Gruppen.

Am 31. Dezember 1928 und damit am 1. Januar 1929 gab es 11.842 Aktiengesellschaften (vgl. St. Jb. 1929: 339). Vier Jahre später, am 31. Dezember 1932, lag diese Zahl bei 9.638 (vgl. St. Jb. 1933: 367). Die Abnahme betrug also 2.204 Aktiengesellschaften. Das entspricht einer Quote von 18,6% gegenüber 1928/29. Allein die Zahl der Konkurse in dieser Zeit lag bei 680, was einem Anteil von 5,7% ausmacht (vgl. St. Jb. 1929: 339; St. Jb. 1930: 383; St. Jb. 1931: 363; St. Jb. 1932: 359; St. Jb. 1933: 367).

Hinsichtlich der Gesellschaften mit beschränkter Haftung ist die Ermittlung der Zahlen etwas komplizierter. Die Statistischen Jahrbücher geben zwar für jedes Jahr die Veränderungen im Bestand auch der übrigen Rechtsformen, einschließlich der GmbH an. Aber es fehlt die Zahl des vollständigen Bestandes an GmbH in jenen Jahren. Da hilft die Rechtsliteratur weiter, nämlich in Gestalt der großen umfangreichen Kommentare zum GmbH-Recht, die in ihren Einleitungen auch zur GmbH-Geschichte etwas sagen. Auf diese Weise erfahren wir, dass es 1926 in Deutschland 57.338 Gesellschaften mit beschränkter Haftung gab (Michalski 2010: 62). Ich gehe davon aus, dass der Stichtag für diese Zahl der letzte Tag des Jahres 1926 war. In den Jahren 1927 und 1928 nahm die GmbH-Zahl zusammen um 11.248 ab (vgl. St. Jb. 1930: 368). Sie betrug also um die Jahreswende 1928/1929 noch 46.090. Diese Zahl verminderte sich nun 1929 um 2.490 (vgl. St. Jb. 1930: 368) und in den folgenden drei Jahren um zusammen 1.440 Unternehmen (vgl. St. Jb. 1933: 368), in den vier uns hier interessierenden vier Krisenjahren also um 3.930. Das ergibt einen Anteil von 8,5%.

Diese Zahlen sollen noch einmal untereinander gestellt werden: Abnahme bei den Genossenschaften um 1,25%, Abnahme bei den Aktiengesellschaften um 18,6%, Abnahme bei den GmbH um 8,5%.

Der Anteil der Unternehmen in den beiden kapitalgesellschaftlichen Rechtsformen verminderte sich also um das 15fache und das 7fache gegenüber der genossenschaftlichen Rechtsform.

Nun mögen einige andere Gründe als die unmittelbar aus der Wirtschaftskrise resultierenden Konsequenzen zu dieser Entwicklung bei Aktiengesellschaften und GmbH geführt haben, vermehrte Fusionen zum Beispiel oder Verlagerungen ins Ausland. Der GmbH-Kommentar nennt auch steuerliche Diskriminierungen als Ursache (vgl. Michalski 2010: 62). Aber solche

Gründe könnten allenfalls nur einen kleinen Teil der Abnahmen erklären. Alles in allem gilt also: Die Genossenschaften haben die große Wirtschaftskrise auch ohne Anschlusszwang wesentlich besser, sogar verblüffend besser überstanden als Aktiengesellschaften und GmbH. Schon die bloßen Zahlen zeigen, dass die historische Begründung seitens der Genossenschaftsverbände und der einschlägigen Rechtswissenschaft für den Anschlusszwang eine bloße Schutzbehauptung ist. Nicht umsonst taucht sie in der Begründung des Gesetzes von 1934 überhaupt nicht auf.

Aber die Entwicklung der damaligen Jahre war für die Genossenschaftsverbände noch deprimierender. Die Statistischen Jahrbücher listen nämlich auch die Verbände mit ihren Mitgliederzahlen auf. Auch das ist etwas kompliziert, weil sich die Verbändelandschaft gerade in diesen Jahren stark verändert hat. Zunächst: Der „Hauptverband der deutschen Baugenossenschaften" von 1928 hieß vier Jahre später „Hauptverband Deutscher Baugenossenschaften und –Gesellschaften" (die Zahl für 1932 bezieht sich aber trotzdem nur auf die ihm angehörenden Genossenschaften, ohne die Wohnungsgesellschaften anderer Rechtsformen).

Ferner gab es 1928 folgende landwirtschaftliche Verbände (mit den Mitgliederzahlen für Ende dieses Jahres):

Reichsverband der deutschen landwirtschaftlichen Genossenschaften	26.085
Genossenschaftsverband der deutschen Raiffeisengenossenschaften	8.252
Genossenschaftsverband des Reichslandbundes	903
Vereinigung der deutschen Bauernvereinen nahestehenden Genossenschaften	1.549
Insgesamt also:	36.789

ländliche Genossenschaften (vgl. St. Jb. 1929: 347).

Die Mitglieder aller dieser Verbände waren Ende 1932 im „Reichsverband der deutschen landwirtschaftlichen Genossenschaften – Raiffeisen e. V." zusammengefasst, dem also die eben aufgeführten Zahlen für 1928 zugerechnet werden müssen.

Die Entwicklung in den vier Krisenjahren sah folgendermaßen aus:

Mitglieder in Genossenschaftsverbänden

	Ende 1928	Ende 1932	
Deutscher Genossenschaftsverband	3.559	3.230	(-9,2%)
Zentralverband deutscher Konsumvereine	1.069	964	(-9,8%)
Reichsverband deutscher Konsumvereine	276	259	(- 6,2%)
Hauptverband der Baugenossenschaften	2.680	2.667	(- 0,5%)
Verbände in der Landwirtschaft	36.789	35.482	(- 3,6%)
Summe der Genossenschaften in diesen Verbänden	44.373	42.602	(- 4,0%)

(vgl. St. Jb. 1929: 347) (vgl. St. Jb. 1933: 378)

Neben den aufgeführten Verbänden gab es eine ganze Anzahl kleinerer Prüfungsverbände, meistens regional verankert. Die Zahlen ihrer Mitglieder sind kaum festzustellen. Wir haben also folgendes Bild gewonnen:

Gesamtbestand an Genossenschaften

	insgesamt		bei größeren Verbänden		bei kleineren Verb. oder verbandslos
Jahreswechsel 1928/29	52.153	=	44.373	+	7.780
Jahreswechsel 1932/33	51.499	=	42.602	+	8.897
Veränderung	- 1,25%		-4,0%	+	14,4%

Konträr gegen alle Märchenerzählungen seitens der Genossenschaftsverbände, die auch Eingang in die Kommentare zum Genossenschaftsgesetz gefunden haben, hat die Zahl der Genossenschaften, die Mitglieder in großen Verbänden waren, während der vier Krisenjahre deutlich abgenommen, während die Zahl der Mitglieder in kleinen Verbänden und der verbandslosen Genossenschaften (der „wilden Genossenschaften", wie sie in den dreißiger Jahren genannt wurden) um einen sehr erheblichen Anteil zugenommen hat. Die Mitgliedschaft in den großen etablierten Verbänden mit ihren prüfenden Revisoren hat also keinesfalls vor der Dezimierung ihrer Mitgliedsgenossenschaften geschützt.

Seit Oktober 1934 mussten nun alle Genossenschaften Mitglied in einem Verband sein. Die Genossenschaften sollten jetzt – folgt man den Märchen der Verbände und der Kommentatoren – viel sicherer dastehen als zuvor. Wie entwickelte sich nun aber die Zahl der Genossenschaften? Nehmen wir die Jahre 1935 (also nach Inkrafttreten der neuen Vorschrift) bis einschließlich 1938, also abermals vier Jahre:

Gesamtbestand an Genossenschaften (ohne Zentralgenossenschaften) jeweils zum 31. Dezember

1934 53.348
1935 53.216
1936 52.595
1937 51.704
1938 50.940

(vgl. St. Jb. 1940: 468).

Also gab es eine Abnahme in vier Jahren um 2.408. Das sind 4,5%. Mit dem Anschlusszwang gesegnet, verschwanden in vier Jahren mehr als dreieinhalb Mal so viele Genossenschaften wie in den vier ärgsten Jahren der Krise. Hierbei mögen nun tatsächlich viele Gründe eine Rolle gespielt haben, die außerhalb des Anschlusszwanges standen, wie etwa die staatliche Zwangswirtschaft in der Vorbereitung des Krieges. Aber diese Entwicklung untermauert gewiss nicht die Argumentation von Verbänden und Kommentatoren.

Prüfung und Zwangsmitgliedschaft: Die verbandlichen Positionen bis 1934

Heute wird von den Verbänden ebenfalls vielfach behauptet, die Zwangsmitgliedschaft sei auf Wunsch der damaligen Verbände zustande gekommen. Deshalb sei jetzt erst einmal ein Blick darauf geworfen, wie sich die verbandliche Sichtweise auf die Notwendigkeit der Prüfung der Genossenschaften entwickelt hat. Der erste Verband, der von Schulze initiierte, ist 1859 entstanden. Es war nur drei Jahre später, 1862 (fünf Jahre vor dem Inkrafttreten des Genossenschaftsgesetzes), dass in einem der ersten Unterverbände, dem mittelrheinischen, eine Diskussion darüber stattfand, ob der Verband sich nicht auch um die „Jahresrechnungen" seiner Mitglieder kümmern sollte. Der Verbandsdirektor, Friedrich Schenck, sollte (das war das Ergebnis der Diskussion) dafür sorgen, dass ein „geeigneter Fachmann zur Beratung der Vereine oder zur Prüfung der Jahresrechnung" auf deren Bitten hin zur Verfügung stand. Damit war keineswegs irgendeine Art von Aufsicht durch den Verband gemeint, denn die hielt man „mit der Selbsthilfe und Selbstverwaltung der Genossenschaft für unvereinbar." Das entsprach so auch den Vorstellungen Schulzes. Als allerdings in konservativen, den staatstragenden Kreisen erwogen wurde, eine behördliche Aufsicht über die Genossenschaften einzuführen, korrigierte Schulze seine Haltung. Er sorgte für einen Beschluss des Verbandstages von 1881 in Kassel, wonach die Unterverbände, also die Regionalverbände, für die Möglichkeit „regelmäßig wiederkehrender Revisionen" – selbstverständlich nur für Mitgliedsgenossenschaften – sorgen sollten. Das war die Geburtsstunde des genossenschaftlichen Prüfungswesens (vgl. Letschert 1951: 16).

In seinen letzten Überlegungen zu einer Novellierung des Genossenschaftsgesetzes, seinem quasi genossenschaftspolitischen Testament 1883, wandte sich Schulze aber eindeutig gegen alle Versuche, gesetzliche Regelungen zu genossenschaftlichen Verbänden einzuführen. „Selbstverständlich kann das Gesetz die Errichtung solcher Verbände weder verfügen, noch verbieten, muß dieselbe vielmehr der freien Einigung der Betheiligten überlassen." Auch sie sollten strikt dem genossenschaftlichen Prinzip der Selbsthilfe und der Freiwilligkeit unterworfen sein (vgl. Schulze-Delitzsch 1883a: 94f.). Auch der Nachfolger Schulzes als Anwalt des Allgemeinen Verbandes, Schenck – eben der vom mittelrheinischen Unterverband - vertrat diese Linie, ebenfalls als Reichstagabgeordneter und ganz entschieden, wie wir schon gesehen haben, im Verlaufe der parlamentarischen Verhandlungen zum dann 1889 in Kraft getretenen Gesetz. Am Ende sah das verabschiedete Gesetz die Wahl zwischen der Prüfung durch einen Verband und durch einen vom Gericht beauftragten Revisor vor.

Auch in jener Zeit gingen immer wieder Genossenschaften unter. Innerhalb des Genossenschaftswesens galten solche Ereignisse natürlich als im höchsten Maße bedauerlich. Die Verbände boten deshalb sehr intensiv ihre Prüfungsdienste an. Aber eine Genossenschaft dazu zu zwingen, Verbandsmitglied werden zu müssen, auf diesen Gedanken ist kein verantwortlicher Verbandsvertreter gekommen. Das hätte doch allzu sehr dem tradierten Genossenschaftsgedanken widersprochen.

So wird in einer Broschüre zur „Verbandsrevision" im Deutschen Genossenschaftsverband, einer Broschüre, die man getrost als offiziell bezeichnen kann, gesagt: *„Der Allgemeine Verband wehrt sich entschieden gegen die Einführung gesetzlicher Zwangsbefugnisse des Revisionsverbandes,* die natürlich für den Verband zugleich Pflichten sind. Sie würden den Revisionsverband mit einer Verantwortung beladen, die er nicht tragen kann; sie müßten auch zu einer behördlichen Beaufsichtigung führen. Aus diesen Befürchtungen heraus hat sich der Allgemeine Verband bisher stets gegen einen gesetzlichen Ausbau der Revision ausgesprochen, der seit langem bald mehr, bald weniger von einflußreichen Kreisen betrieben worden ist. Ebenso verwirft er jede *behördliche* oder *kommunale* Aufsicht. … *Selbsthilfe, Selbstverwaltung, Selbstverantwortung, das sind die drei Grundpfeiler, auf denen die Schulze-Delitzschen Genossenschaften aufgebaut sind, und die der Allgemeine Verband als die Voraussetzung jeder genossenschaftlichen Betätigung ansieht und verficht.* Die Genossenschaft soll in ihren Entschließungen frei sein. Die Selbstverwaltung und Selbstverantwortung müßten untergraben werden, sobald dem Revisionsverband gesetzliche Zwangsbefugnisse gegenüber seinen Genossenschaften übertragen würden." (Letschert 1921: 48f.; Hervorhebungen im Original). In einer weiteren Auflage von 1927 wiederholt der Autor diese Aussagen, nur seine Schreibweise hat Veränderungen erfahren (Letschert 1927: 101f.).

Der 67. Deutsche Genossenschaftstag des DGV von 1930 in Hamburg verabschiedete umfangreiche, in 25 Einzelpunkte gegliederte Leitsätze zur Revision, die die Überschrift trugen: „Leitsätze zu dem Vortrag: Aufbau und Ausbau der Verbandsrevision im DGV". Weder in den Leitsätzen selbst noch im Vortrag dazu (den der damals prominente Genossenschafter Heinrich Bredenbreuker hielt) war von irgendeiner Art von Zwangsmitgliedschaft die Rede (vgl. Genossenschaftstag 1930: 10ff. u. 167ff.). Hinsichtlich einer Veränderung der gesetzlichen Anforderungen auf die Verbandsmitgliedschaft entwickelte Bredenbreuker lediglich den Gedanken, im Register notieren zu lassen, ob eine Genossenschaft einem Verband angehörte oder nicht (vgl. Genossenschaftstag 1930: 183). Zuvor hatte Johann Lang, Mitglied der Anwaltschaft (also des Vorstandes) des DGV in seinem Bericht vorgeschlagen, die Prüfung der Genossenschaften – seien sie vom Verbandsrevisor oder von dem gerichtlich eingesetzten Prüfer durchgeführt – jährlich stattfinden zu lassen, statt wie damals vorgeschrieben zweijährlich (vgl. Genossenschaftstag 1930: 42ff.). Das war alles an Veränderungswünschen seitens des Deutschen Genossenschaftsverbandes in Hinblick auf die gesetzlichen Prüfungsbestimmungen. An einen Anschlusszwang dachte man nach wie vor nicht.

Auch auf dem darauf folgenden DGV-Genossenschaftstag war keine Rede von einem wünschenswerten Zwang zum Verbandsbeitritt der Genossenschaften. Lang wiederholte lediglich die Forderung nach einer gesetzlichen Verankerung der jährlichen Prüfung (vgl. Genossenschaftstag 1932: 47f.). Auch wiederum einen Genossenschaftstag später, schon im Jahr 1933 und damit bereits nach der nationalsozialistischen Machtübernahme, war von Anschlusszwang keine Rede – dafür allerdings von anderen, nun zeitgemäßen Positionierungen. Davon wird noch zu sprechen sein.

Bestrebungen, das Prüfungsrecht hinsichtlich der Genossenschaften zu verschärfen, also den Verbandseinfluss zu stärken, gab es tatsächlich, sogar schon vor dem Ersten Weltkrieg. Sie kamen aber von außerhalb des Genossenschaftswesens. In einer Dissertation aus dem Jahr 1936 wird berichtet: „Wenn diese Bestrebungen keinen Erfolg zu verzeichnen hatten, so lag das wohl an der Abwehr der Genossenschaftsverbände. Sie haben immer wieder betont, daß das Genossenschaftswesen mit der Selbstverantwortung und Selbstverwaltung stehe und falle. Ausdehnung der Rechte des Verbandes hieße in die Befugnisse des AR eingreifen, ohne daß daraus die Genossenschaft Nutzen zöge." (Feldmann 1936: 80).

Diese Auseinandersetzungen wurden auch während der Weimarer Republik fortgesetzt, mit unveränderten Positionen: „In der Nachkriegszeit wurde die Frage der Neugestaltung des genossenschaftlichen Revisionswesens häufig erörtert und die Forderung nach Zwangsmaßregeln in der Hand der Verbände, sowie nach Anschlußzwang an Verbände ebenfalls erhoben, vor allem in der Presse. ... Die Stellung der Verbände gegenüber diesen Vorschlägen blieb die gleiche: Zwangsmaßnahmen und Zwangsverbände wurden nachdrücklich abgelehnt." (Feldmann 1936: 81). Auch vom Reichsverband der deutschen landwirtschaftlichen Genossenschaften – Raiffeisen – e. V. war bis 1934 keine Forderung nach einer Zwangsmitgliedschaft erhoben worden, auch von keinem anderen Verband.

Tatsächlich verlief die Entwicklung folgendermaßen: Die Deutsche Zentralgenossenschaftskasse (die bis 1932 den Namen Preußische Zentralgenossenschaftskasse führte) legte Vorschläge zu verschärften Prüfungsanforderungen vor. Ausführlicher geschah das im Oktober 1932 (vgl. Feldmann 1936: 83). Zu diesem Zeitpunkt wurde sie durch Verordnung des Reichspräsidenten Anstalt des Reiches. Gegründet war sie 1895 als staatliches Institut Preußens. Sie sollte in enger Zusammenarbeit mit den Verbänden staatliche Mittel zur leichteren Kreditvergabe an Genossenschaften ausreichen. Den weitaus überwiegenden Anteil machte dabei die Vergabe an ländliche Genossenschaften aus. Vor diesem Hintergrund fühlte die Kasse sich wohl berufen, sich auch zum genossenschaftlichen Prüfungswesen zu äußern (vgl. Faust 1967: 28ff.). Die Forderungen der Zentralgenossenschaftskasse nach strikteren Prüfungsvorschriften veranlaßten die Verbände zu einer Stellungnahme, woraus dann ein weiterer Text als Grundlage für Verhandlungen zwischen der Genossenschaftskasse und den Verbänden entstand. Diese Verhandlungen führten zu einem gemeinsamen Vorschlag für die Gespräche mit den Ministerien. An deren Ende stand dann ein Ministerialentwurf, der dann – ohne verbandliche Stellungnahmen – noch einmal deutlich verändert wurde. Aus ihm entstand dann das Gesetz vom Oktober 1934. (Vgl. Feldmann 1936: 84ff.).Die ersten fünf Entwürfe – also auch die verbandlichen Stellungnahmen - „behalten die grundsätzliche Unterscheidung von verbandsangehörigen und freien Genossenschaften bei", lediglich der letzte – ministerielle - Text sieht den Anschlußzwang vor (Feldmann 1936: 89, vgl. auch: 134).

In einer Arbeit aus dem Jahr 1972 über die „genossenschaftlichen Betreuungsverbände" wird festgestellt: „Nur der *letzte* vom NS-Reichsjustizministerium vorgelegte Entwurf sah den dann später auch von dem Gesetz übernommenen Anschlusszwang vor." Die Behauptung, er sei in Übereinstimmung mit den genossenschaftlichen Verbänden 1934 gesetzlich vorgeschrieben worden, werde „durch den Inhalt der genossenschaftlichen Gesetzesentwürfe eindeutig widerlegt." (Pramann 1972: 30ff.). Die von den Verbänden und den Kommentaren verbreitete Position, der Anschlusszwang sei notwendig geworden, weil die Genossenschaften in der großen Wirtschaftskrise um 1930 zu anfällig für Insolvenzen geworden wären, ist bereits gegenstandslos geworden. Und: Wir wissen jetzt auch, dass es eine Zweckbehauptung ist (um es zurückhaltend zu formulieren), wenn heutzutage suggeriert wird, der Anschlusszwang habe den Wünschen der Verbände entsprochen.

Der Anschlusszwang als Bestandteil nationalsozialistischer Herrschaftspolitik

Aber welche Motive standen denn nun hinter dieser Gesetzesänderung und wessen Motive waren es? Auch dazu gibt es Meinungen. So sagt Müller in seinem Kommentar ausdrücklich, „die Einführung der Pflichtmitgliedschaft in § 54 GenG war keine [Hervorhebung von mir] Realisierung nationalsozialistischen Gedankengutes…" (Müller 1998: 757). Das wird auch von den Verbänden, wenn sie sich dazu äußern, behauptet. Nun muss schon bei der flüchtigsten Betrachtung der politischen Szenerie von 1933/34 die Vorstellung als absurd erscheinen, dass die Nationalsozialisten, die seit der Machtübernahme am 30. Januar 1933 ohne Zögern daran gingen, mit aller Energie und aller Brutalität die eigenen Vorstellungen von Staat und Gesellschaft durchzusetzen, dass also ausgerechnet sie auf den völlig unpolitischen Wunsch der Genossenschaftsverbände nach Anschlusszwang so hilfsbereit reagiert hätten.

Im Jahr 1972 ist eine rechtswissenschaftliche Dissertation erschienen, bei der Universität Hamburg eingereicht, aus der ich eben schon zitiert hatte. Ihr Gegenstand war die Rechtsstellung der Genossenschaftsverbände. In ihr werden sowohl grundlegend als auch ausführlich die Jahre von 1934 bis 1945 und vor allem die rechtlichen Veränderungen von 1934 behandelt. Ihr Autor: Götz Pramann. Ich referiere die wichtigsten Stränge seiner Argumentation, wobei ich hinsichtlich der Fülle seiner Belege und Quellen auf das Original (Anmerkungen auf den Seiten 29 bis 47) verweise (vgl. Pramann 1972: 29ff.). Zunächst stellt Pramann den Anschlusszwang in den Zusammenhang der weiteren Gesetzesänderungen von 1934. Dazu gehören vor allem die „Verschärfung des Inhalts und des Umfangs der Prüfung" und die „Einräumung gewisser Befugnisse zugunsten der Prüfungsverbände bei der Durchführung der Prüfung und zur Sicherung des Prüfungsergebnisses".

Zu den Grundsätzen nationalsozialistischer Rechtspolitik verweist Pramann auf die „erklärten Ziele der NSDAP", wonach das römische Recht, das der materialistischen Weltanschauung diene, durch ein deutsches „Gemeinrecht" zu ersetzen sei. Der Vorrang des privaten Rechts müsse überwunden werden. Der

Ausgangspunkt des Rechts liege im Volk und so müsse im Gemeinrecht oder völkischen Recht jede Norm völkisch ausgerichtet sein. Auf die Praxis bezogen erläutert Pramann, aufgrund dieser Ideologie habe das öffentliche Recht einen „ungeahnten Aufschwung" erlebt. „Die individuelle Sphäre wurde zugunsten der Gemeinschaft zum Teil erheblich eingeengt; die überwiegende Mehrzahl der Normen aus der NS-Zeit war das Mittel zur Verwirklichung dieses Zieles."

Nun habe sich auch die Einstellung des Nationalsozialismus zur Wirtschaft von der vorangegangenen Periode entscheidend unterschieden. Die Wirtschaft habe, so hieß es jetzt, dem Volk zu dienen. Der entsprechende Grundsatz habe gelautet: Die Führung und Aufsicht der Wirtschaft dem Staat, die Verwaltung der Wirtschaft selbst. „Zur Erreichung dieses Zieles benötigte man eine Organisation, die es gestattete, die wirtschaftlichen Vorgänge, soweit sie volkswirtschaftlich von Bedeutung waren, zu führen und zu überwachen. Diesen Apparat fand man zum Teil in den bereits vorhandenen Vereinen und Verbänden der Wirtschaft." Nun sei ja den Genossenschaften in dieser Zeit angesichts von rund 53.000 Genossenschaften mit etwa acht Millionen Mitgliedern eine große wirtschaftliche Bedeutung eigen gewesen. Deshalb „war die staatliche Erfassung der genossenschaftlichen Organisation für die nationalsozialistische Führung unbedingt erforderlich."

Auf die Spitzenverbände (im März 1934 waren es nur noch vier, je einer für den gewerblichen, den ländlichen, den konsumgenossenschaftlichen und den baugenossenschaftlichen Bereich) hatte der Staat inzwischen Möglichkeiten der Einwirkung hinsichtlich der Statuten und der personellen Besetzung. Grundlage waren das Gesetz zur Sicherung der Gemeinnützigkeit im Wohnungswesen vom Juli 1933, die Verordnung über den vorläufigen Aufbau des Reichsnährstandes vom Januar 1934 und das Gesetz zur Vorbereitung des organischen Aufbaus der deutschen Wirtschaft vom Februar 1934. Damit war ein „Weg gefunden, auf die Unterverbände Einfluss zu nehmen". Sie hatten der Verschärfung des Inhalts und Umfangs der Prüfung zu dienen. „Die Pflichtprüfung wurde für den nationalsozialistischen Staat ein Mittel zur Überwachung der wirtschaftlichen Vorgänge." Sie diente „in erster Linie der Volksgemeinschaft" und nicht den Genossenschaftsmitgliedern und den Gläubigern. Die Wirtschaftsprüfer wurden – wie bei den Aktiengesellschaften – „Beauftragte der Volksgesamtheit". Der Prüfungsvermerk habe jetzt auch zu bestätigen, dass „die Geschäftsführung ordnungsgemäß und vom Standpunkt des allgemeinen Wohls nicht zu beanstanden ist". Damit sei dem Bestätigungsvermerk „ein gewisser öffentlicher Glaube" zugekommen. „In dieser mit einem derartigen öffentlichen Glauben ausgestatteten öffentlichen Tätigkeit ist eine besondere staatliche Funktion zu erblicken".

Pramann zitiert in diesem Zusammenhang den uns schon bekannten Heinrich Bredenbreuker, einen „der führenden Vertreter der damaligen genossenschaftlichen Organisation", der auf dem pfälzischen Verbandstag 1936 gesagt hatte, dass „die Prüfungsverbände heute den Charakter einer öffentlich-rechtlichen Institution erhalten haben. Maßgebend sind hier einmal die Erfahrungen aus der Krisenzeit, zum anderen aber auch die Wandlungen in den Aufgaben der Wirtschaft im nationalsozialistischen Staat." Rudolf Ruth, ebenfalls in der Genossenschaftsbewegung tätig, habe 1935 festgestellt, die Verbände als Träger der Prüfung zu bestimmen, sei „als wichtiges Aktivum im nationalsozialistischen Staat zu buchen, weil sie ein weiteres wertvolles Mittel zur Verwirklichung der nationalsozialistischen Wirtschaftsordnung darbietet" (vgl. Pramann 1972: 40ff.).

Eine neuere Untersuchung über die Kreditgenossenschaften in der Zeit von 1933 bis 1945 enthält sehr stringente Ausführungen

„zum ideologischen Hintergrund von Führerprinzip und Gleichschaltung", wie eine Zwischenüberschrift lautet. Der Autor, Hermann-Josef ten Haaf, geht noch einen Schritt weiter zurück, als Pramann tut, und setzt hinsichtlich der geistigen Grundlagen des nationalsozialistischen Herrschaftssystems bei dessen Rassenideologie an. „Der höchste Zweck des völkischen Staates war für Hitler die Sorge um die Erhaltung der ‚rassischen Urelemente'". Das Individuum war lediglich „Funktion des Volkes". Dieser „monistischen Auffassung von Volk entsprach die Vorstellung der totalen Identität von Herrscher und Beherrschten". Ausdruck dessen war das Führerprinzip. (Vgl. ten Haaf 2011: 221ff.). Das Führerprinzip nun bedeutete „zunächst Sicherstellung der Durchsetzung des Willens des Führers Adolf Hitler, und zwar über alle Hierarchien". Wie bereitwillig diese Vorgabe auch in Teilen des Genossenschaftswesens akzeptiert wurde, macht eine von ten Haaf zitierte Passage aus dem Geschäftsbericht einer Kreditgenossenschaft für das Jahr 1933 deutlich: Es seien die Voraussetzungen dafür geschaffen worden, so heißt es darin, „dass der eiserne Wille der Führung sich bis in die kleinsten Zellen des Volkes durchsetzen konnte". (ten Haaf 2011: 228).

Von 1968 stammt eine Arbeit von Kuno Bludau mit dem schlichten Titel „Nationalsozialismus und Genossenschaften". Darin heißt es: „Die Nationalsozialisten schafften bestehende Institutionen nicht ab, sondern konzentrierten sich darauf, die Kerne der Institutionen zu verändern." Sie seien darauf bedacht gewesen, „alle Bereiche des gesellschaftlichen Lebens zu erfassen". Sie veränderten auch die rechtliche Grundlage der Selbstverwaltung, und zwar so, „daß Eingriffe der staatlichen Führungsspitze jederzeit möglich wurden." Die politische Schulungsarbeit, also die Indoktrination mit nationalsozialistischer Ideologie, konzentrierte sich zum Beispiel auf die verschiedenen Berufs- und Standesorganisationen der Handwerker und Händler. Dazu mussten die Genossenschaftsverbände nicht selbst tätig werden. Denn es gab zahlreiche organisatorische und personelle Verknüpfungen zwischen beiden Gruppen. So verlief die Gleichschaltung über „soziale Einheiten, die auf irgendeine Weise mit den Genossenschaftsorganisationen verzahnt waren" (vgl. Bludau 1968: 36ff.).

Bestandteil des nationalsozialistischen Genossenschaftswesens war auch die Einführung der wiederum Zwangsmitgliedschaft der Prüfungsverbände in den Spitzenverbänden, die wie selbstverständlich eher nebenbei im 34er Gesetz (§ 62) erscheint. Getreu dem Führerprinzip hatten die Spitzenverbände die stärkste Machtstellung inne. Gleichzeitig wurde die Einrichtung des öffentlich bestellten genossenschaftlichen Wirtschaftsprüfers geschaffen (§ 63b). Die Einrichtung dieses Prüfers wurde dann 1936 in einer Verordnung geregelt. Durch sie – die ja auch eine Konsequenz des Anschlusszwangs war – ging der Einbau der genossenschaftlichen Welt in den nationalsozialistischen Staat noch einen Schritt weiter. Die Verordnung umfasste insgesamt 28 Paragraphen (vgl. WP-Verordnung 1936).

Der § 4 sah einen Zulassungsausschuss vor, bestehend aus drei Vertretern der Wirtschaft (vom Reichswirtschaftsminister berufen, davon zwei auf Vorschlag der genossenschaftlichen Spitzenverbände und der dritte auf Vorschlag der Reichswirtschaftskammer), drei Vertretern des Berufs (auf Vorschlag des Instituts der Wirtschaftsprüfer vom Reichswirtschaftsminister berufen, zwei davon im Benehmen mit den genossenschaftlichen Spitzenverbänden), einem Vertreter der Deutschen Zentralgenossenschaftskasse (auf Vorschlag von deren Präsidenten ebenfalls vom Reichswirtschaftsminister berufen). Es gab eine Hauptstelle für die öffentlich bestellten Wirtschaftsprüfer. Sie wurde in § 21 erwähnt, der besagte: „Die nach den vorstehenden Bestimmungen öffentlich bestellten Wirtschaftsprüfer werden in ihrer Berufsausübung von der Hauptstelle überwacht, unbeschadet der Aufgaben der genossenschaftlichen Prüfungsverbände (§§ 55ff. des Genossenschaftsgesetzes)." Es wurde alles getan, um die genossenschaftliche Selbstbestimmung aufzuheben, auch bei den bereits gleichgeschalteten und willfährigen Genossenschaftsverbänden.

Der § 6 regelte die „persönlichen Voraussetzungen" dieser Prüfer. Sie mussten in geordneten wirtschaftlichen Verhältnissen leben, mindestens 30 Jahre alt sein und was dergleichen Dinge mehr sind. Aber auch diese Vorschrift war Bestandteil des genossenschaftlichen Prüfungswesens: „Juden sind von der Zulassung zur Fachprüfung ausgeschlossen. Wer Jude ist, bestimmt § 5 der ersten Verordnung zum Reichsbürgergesetz vom 14. November 1935 (Reichsgesetzbl. I S. 1333)." Und schließlich gab es noch den § 14: „Bei der Bestellung hat der Wirtschaftsprüfer folgenden Eid zu leisten: ‚Ich schwöre bei Gott, daß ich dem Führer und Reichskanzler Adolf Hitler unbedingten Gehorsam leisten werde und daß ich die Aufgaben und Pflichten eines öffentlich bestellten Wirtschaftsprüfers gewissenhaft und unparteiisch erfüllen, Verschwiegenheit bewahren und die von mir verlangten Gutachten gewissenhaft und unparteiisch erstatten werde.'" (WP-Verordnung 1936).

Die Genossenschaften und ihre Verbände (wenn es denn ihre waren) hatten im immer weiter ausgebauten nationalsozialistischen Staat ein Höchstmaß an öffentlich-rechtlichen Charakter erreicht. Die Zeit der privatrechtlichen Vereine war endgültig vorbei. Der Verrat an Schulze (und was das betrifft auch an Raiffeisen) war vollkommen. Essentieller Teil all dessen war die aus nationalsozialistischem Geist geborene Zwangsmitgliedschaft.

Nationalsozialistischer Geist in den Genossenschaften

Äußerst bemerkenswert ist, wie sehr teilweise schon vor 1933 und umfassender danach führende Genossenschafter sich nationalsozialistischen Geist oder vielmehr Ungeist zu eigen machten.

Es gibt eine recht umfangreiche, rund 120 Seiten starke „Denkschrift" aus dem Jahr 1940. Sie ist erschienen als „Arbeitsbericht" der „Akademie für Deutsches Recht". Diese Akademie wurde bereits im Jahr 1933, also bald nach der nationalsozialistischen Machtübernahme gegründet. Ihr Präsident bis 1942, Hans Frank, wurde 1933 auch Reichskommissar für die Gleichschaltung der Justiz und ein Jahr später Reichsminister ohne Geschäftsbereich. In seinem Ernennungsschreiben wurde die Akademie als eine Einrichtung beschrieben, die es ihm ermöglichen sollte, „bei der Durchsetzung der nationalsozialistischen Weltanschauung auf allen Gebieten des Rechts mitzuwirken" (ADR Bd. I 1986: XIII). Nach der Besetzung Polens im Zweiten Weltkrieg wurde Frank dort Generalgouverneur. In Nürnberg ist er 1946 im Internationalen Kriegsverbrecherprozess wegen seines opferreichen Wütens zum Tode verurteilt worden. Die Akademie für Deutsches Recht hatte den Auftrag, ein einheitliches, ‚völkisch' orientiertes Recht in Deutschland zu schaffen. Dazu sollte die Arbeit zahlreicher Ausschüsse dienen.

Im Februar 1936 nahm dann auch der Ausschuss für Genossenschaftsrecht seine Arbeit auf. Sein Vorsitzender war Walter Granzow, seit August 1933 Reichssiedlungskommissar und bis 1938 zuständig für Agrarpolitik bei der Reichsleitung der NSDAP. Er war zudem zweiter Präsident des Reichsverbandes der landwirtschaftlichen Genossenschaften. Die erste Sitzung des Ausschusses wurde von Hans Frank mit folgenden Worten eröffnet: „Die Akademie für Deutsches Recht hat vom Führer die

Aufgabe erhalten, in Zusammenarbeit mit den für die Gesetzgebung zuständigen Stellen das nationalsozialistische Programm auf dem gesamten Gebiete des Rechts und der Wirtschaft zu verwirklichen. Der *Totalitätsanspruch des Nationalsozialismus,* der, auf das Gebiet des Rechts übertragen, die *Umformung aller Rechtsbegriffe im nationalsozialistischen Sinne* bedeutet, zeigt die große Verantwortung und Bedeutung der Akademie für Deutsches Recht." (ADR Bd. IV 1989: 71; Hervorhebungen von mir). Der Ausschussvorsitzende, Granzow, erwiderte: „Wir werden sogleich an die Arbeit gehen und Ihnen alsbald Änderungsvorschläge vorlegen, die geeignet sind, das Genossenschaftswesen in seinem ganzen Umfange und in der Vielseitigkeit seiner Aufgaben dem neuen Staat und seiner Zielsetzung nun so einzuordnen, daß es als ein vollgültiges Glied mit an den großen Aufgaben arbeiten kann, die sich der Führer gestellt hat." (ADR IV 1989: 72).

Aus diesem Zusammenhang heraus erschien jene Denkschrift aus dem Jahre 1940, die der Ausschuss für Genossenschaftsrecht erarbeitet hatte. Sie stand unter dem Titel: „Das Recht der deutschen Genossenschaften".

Es ist erstaunlich, mit welch einfachen sprachlichen Mitteln der Genossenschaftsidee das nationalsozialistische Konzept aufgepfropft wurde. So heißt es im „Allgemeinen Teil" von den „hervorstechendsten Wesenszügen des ganzen deutschen Genossenschaftswesens", sie seien der Wille zur Selbsthilfe und „der Wille zur Gemeinschaftsarbeit" (vgl. Frank 1940: 2). Das klingt nur mäßig verdreht, weil die Selbsthilfe akzeptiert zu sein scheint. Der Terminus ‚Gemeinschaftsarbeit' dagegen (heute eher kurios wirkend) bedeutete die Implementierung nationalsozialistischer Ideologie. Das wird deutlich in den Ausführungen über „Genossenschaftliche Verbände und Prüfungswesen". So heißt es darin: „Die den genossenschaftlichen Verbänden eröffnete Möglichkeit [durch die Einführung des Anschlusszwangs 1934], von zentraler Stelle aus auf die Wirtschaftsführung des angeschlossenen Unternehmen Einfluß auszuüben und sie geschäfts- und wirtschaftspolitisch nach einheitlichen Gesichtspunkten auszurichten, ist in Zeiten, die die äußerste Anspannung und Zusammenfassung aller Wirtschaftskräfte erfordern, naturgemäß von erhöhter Bedeutung und befähigt die Genossenschaften in besonderem Maße zum Einsatz für die großen Ziele der völkischen Wirtschaft" (vgl. Frank 1940: 107). Es ist keine Rede davon, dass die Gesetzesänderung von 1934 die Existenz von Genossenschaften sichern sollte. Vielmehr sollten die Verbände ihre Zwangsmitglieder einheitlich ausrichten. Ausdrücklich wird gesagt, die Novelle von 1934 sei „bereits nach der neuen Rechts- und Wirtschaftsauffassung ausgerichtet" (vgl. Frank 1940: 111). So ist denn auch in dieser Denkschrift auch immer wieder von ‚Verbandszwang' die Rede. Dem Ausschuss, der 1940 diese Feststellungen traf, gehörten auch Johannes Lang und Ludwig Weidmüller an, der eine Anwalt, also Vorsitzender des DGV, der andere dessen Jurist.

Diese Beiden, Lang und Weidmüller, haben den 1868 von Parisius begründeten Kommentar zu ihrer Zeit weitergeführt. In ihrer Auflage von 1938 heißt es konsequenterweise: *Ein neuer Abschnitt auch in der Geschichte des deutschen Genossenschaftsgesetzes begann mit der nationalen Erhebung des deutschen Volkes unter seinem Führer und Reichskanzler Adolf Hitler im Jahre 1933.* Nationalsozialistisches Gedankengut fand seinen Ausdruck in mehreren umfangreichen Novellen zum Genossenschaftsgesetz, die von dem Willen des nationalsozialistischen Staates zu einer intensiven Weiterentwicklung des deutschen Genossenschaftsgesetz Zeugnis ablegen." Sie zählen alle diese Novellierungen auf und nennen dementsprechend auch das Gesetz vom Oktober 1934, aber ohne irgendeinen Hinweis, dass damit auch der Wunsch der Genossenschaftsverbände berücksichtigt worden sei. Am Ende ihrer Einleitung drücken Lang und Weidmüller die Zuversicht aus, dass die Arbeiten des Ausschusses für Genossenschaftsrecht bei der Akademie für Deutsches Recht *„die Grundlage für eine endgültige Neugestaltung des Genossenschaftsgesetzes unter Berücksichtigung nationalsozialistischer Grundsätze bilden".* (Lang/Weidmüller 1938: 11ff.; Hervorhebungen im Original). Der Kommentartext zum § 54 (der den Anschlusszwang einführte), steht denn auch unter dieser Überschrift „Anschlusszwang" (Lang/Weidmüller 1938: 146).

Auch diese Verknüpfung ist in unserem Zusammenhang von Interesse: Reinhold Henzler, am Institut für Genossenschaftswesen in Frankfurt am Main Professor, hat viel veröffentlicht, nach dem Krieg vor allem zahlreiche Aufsätze in der „Zeitschrift für das gesamte Genossenschaftswesen", der genossenschaftstheoretischen Zeitschrift schlechthin. Nach seinem Tod erschien 1970 ein Sammelband seiner Vorträge und Aufsätze, als postume Ehrung (vgl. Henzler 1970). Er hat aber auch schon vorher einiges geschrieben, so zum Beispiel 1934 über den Führergedanken im deutschen Genossenschaftswesen, womit er auf seine Art, also auf nationalsozialistische Art den Genossenschaftsgedanken zeitgemäß erweitert: „Das Gesamtinteresse der genossenschaftlichen Gemeinschaft erheischt eine Stabilität der Gemeinschaftsführung. Die Führung muß in die Lage gesetzt werden, ihr Handeln in jedem Einzelfall auf lange Sicht einzustellen. Nur so wird es dem Führer der Genossenschaft ermöglicht, den Genossen gegenüber die Richtigkeit seines Handelns schließlich unter Beweis zu stellen und die Genossen davon zu überzeugen. Ihm muß, gegebenenfalls durch entsprechende Machtmittel, zunächst die Gemeinschaft bedingungslos folgen" (Hervorhebung von mir). Wir erinnern uns: Als „Schulen der Demokratie" bezeichnete Schulze die Genossenschaften. Auf Dauer müsse – so wieder Henzler – in den Genossenschaften eine freiwillige Gefolgschaft Platz greifen. Die direkte Demokratie könne zu Zufallsmehrheiten führen. „Doch wird man angesichts der geschilderten Gefahrenquellen den Vorstand einer Genossenschaft, der andererseits eine ganz überragende Verantwortung zu tragen hat, im Interesse der Genossenschaft auf ein stärkeres, sachlicheres Fundament stellen müssen. Dazu dürfte in der Mitwirkung einer übergeordneten, genossenschaftlichen Instanz, beispielsweise der mit der Revision beauftragten, der gegebene Weg sein. Eine solche Mitwirkung bei der Bestellung und bei der Abberufung des Vorstandes – seither bestand nur eine Überprüfung und eventuell eine Überwachung seiner Tätigkeit – macht seine Stellung gegenüber den Genossen und dem genossenschaftlichen Betrieb souverän ...“ Eine solche Regelung, also die Entscheidung des Verbandes zur Vorstandsbestellung läge „in der Richtung einer konsequenten Durchführung des Führerprinzips“. Sie sei „im Genossenschaftswesen leichter durchführbar als in der Privatwirtschaft und bedeutet eine weitgehende Annäherung der genossenschaftlichen Organisation an die staatspolitische Gestaltung.“ Der Aufsichtsrat müsse dadurch allerdings, so die Konsequenz bei Henzler, an Gewicht verlieren (Henzler 1934: 37ff.). Dieser Aufsatz ist im Sammelband der ‚Zeitschrift für das gesamte Genossenschaftswesen‘ von 1970 allerdings nicht reaktiviert worden. Jetzt war das Führerprinzip nicht mehr zeitgemäß.

Für Henzler war zur „Einführung des Führerprinzips im ganzen deutschen Genossenschaftswesen“, so wie schon bei den landwirtschaftlichen Genossenschaften, eine spezifische Voraussetzung notwendig, nämlich „die ständische Neuordnung der ganzen deutschen Wirtschaft“. Noch vor der gesetzlichen Regelung des Anschlusszwangs schreibt Henzler: *„In variierter Form könnte der Führergedanke dann schon jetzt im Genossenschaftswesen Eingang finden, wenn sämtliche Genossenschaften einem Revisionsverband angeschlossen sein müßten* und wenn sämtliche Revisionsverbände, die ihre Tätigkeit nicht auf das ganze Reichsgebiet erstrecken, in einen genossenschaftlichen Zentralverband als Spitzenorganisation eingegliedert würden." (Henzler 1934: 40; Hervorhebung von mir).

Das ist eindeutig genug: Der Anschlusszwang als Vehikel des Führergedankens. Fast gleichzeitig wurde dieses Ziel in die Wirklichkeit umgesetzt. Und Henzler war vier Jahre später als wissenschaftlicher Bearbeiter an einer weiteren Buchveröffentlichung beteiligt. Darin schrieb auch der Geschäftsführer des Reichsverbandes der deutschen landwirtschaftlichen Genossenschaften – Raiffeisen – e. V. namens H. B. Strub. Er führte im Einzelnen aus, wie das Führerprinzip bei den Raiffeisen-Genossenschaften eingeführt worden war und dass dabei der Anschlusszwang konstituierend gewesen war (vgl. Strub 1938: 66ff.).

Im Deutschen Genossenschaftsverlag ist 1932 die Schrift eines Verbandsdirektors namens Ernst Guenther (die Schreibweise des Nachnamens taucht in verschiedenen Versionen auf) erschienen, die den nicht eigentlich genossenschaftlichen Titel "Neue Meister kraft Blut und Arbeit" trägt und an mehreren Stellen mit Hakenkreuzen verziert ist. Sie ist von widerlichstem völkischen Geist und extremsten Rassismus geprägt. Ihr Ziel war, zur „rassischen Gesundung des deutschen Volkes" beizutragen (Guenther 1932: 6). Das Wort Genossenschaft taucht übrigens nicht ein einziges Mal auf. Der sich in dieser Veröffentlichung spreizende Ungeist war 1932 mit aller Wahrscheinlichkeit im genossenschaftlichen Verbandswesen noch die Ausnahme, aber die Tatsache, dass sie im Genossenschaftsverlag erschien, macht deutlich, dass seine (des Genossenschaftswesens) Widerstandskraft schon stark geschwächt war.

Immerhin hat der DGV 1936 in einem Schreiben an das Reichswirtschaftsministerium (Minister war zu dieser Zeit Hjalmar Schacht) darauf hingewiesen, dass die deutschen Genossenschaften „bereits vor der Machtergreifung grundsätzlich keine Juden als Mitglieder aufgenommen" hätten (zit. n. Fischer 2006: 425).

Und: Der Raiffeisenverband hat bereits 1933 seine Mitglieder angewiesen, „den Geschäftsverkehr mit jüdischen Betrieben und Einzelpersonen einzustellen", was unter anderem dazu führte, dass Genossenschaftsbanken in ihren Schalterräumen Transparente mit der Erklärung anbrachten, „Juden unerwünscht" (Fischer 2006: 421f.).

Das genossenschaftliche Verbandswesen 1933 – 1945

Obwohl der 1934 in das Gesetz implantierte Anschlusszwang für alle Genossenschaften gleichermaßen galt, wurde er vom DGV ungleich angewandt. In der Zeit davor, nämlich in den Jahren 1928 bis 1933, waren einige, sieben insgesamt, jüdische Kreditgenossenschaften gegründet. Sie hatten sich „durch einen eigens dafür bestellten, unabhängigen Wirtschaftsprüfer revidieren" lassen. Nach der Novellierung, mit der Drohung im Nacken, ohne Verbandszugehörigkeit aufgelöst zu werden, versuchten sie sich auf den beiden einzig denkbaren Wegen zu retten: Entweder für einem eigenen Verband das Prüfungsrecht zu erhalten oder dem DGV beizutreten. Diese Versuche zogen sich über einige Zeit hin, bis dann einerseits die zuständigen Behörden es ablehnten, dem inzwischen immerhin in das Vereinsregister eingetragenen Verband das Prüfungsrecht zu verleihen und andererseits DGV und seine Regionalverbände es ablehnten, die jüdischen Kreditgenossenschaften als Mitglieder aufzunehmen. Als Folge dessen wurde dann die Auflösung der betroffenen Genossenschaften verfügt. (Vgl. Fischer 2006: 425ff.).

Zurück in das Jahr 1933: Auf dem 69. DGV-Genossenschafts-tag hat Walter Kunze, der im Anschluss an seine Rede zum Mitglied der Anwaltschaft des DGV bestellt wurde, „programmatische Erklärungen" „über die Stellung der Genossenschaften im nationalsozialistischen Staat" abgegeben. Er sagte, nach dem 30. Januar 1933 „stehen wir heute vor der großen und bezwingenden Aufgabe einer Evolution des gesamten gesellschaftlichen, kulturellen und wirtschaftlichen Lebens unseres Volkes. ... In ihrer Totalität will sie also den gesamten Menschen und darüber hinaus das deutsche Volk erfassen..." Mit anderen Worten: Nichts bleibt, wie es ist, auch bei den Genossenschaften nicht. „Da also diese deutsche Evolution alles einbezieht, wendet sie sich auch an das deutsche Genossenschaftswesen und hier insbesondere an die Genossen selbst und ihre Führer. Das Genossenschaftswesen kann nicht ein Eigenleben führen, sondern muß sich in unser Volksleben hineinstellen, um dessen Erfordernissen und Bedürfnissen Rechnung zu tragen." Weiter sagte er in dieser Inaugurationsrede bei den deutschen gewerblichen Genossenschaften: „Nicht Profitgier und selbstsüchtiges Streben, sondern vielmehr Dienst am Volksganzen, Gemeinnutz in unverfälschter deutscher Art und Pflege der naturgegebenen wirtschaftlichen Belange der bodenständigen Berufe sind nicht nur heute, sondern von jeher die Merkmale dieses Genossenschaftswesens gewesen und darum geeignet, im nationalsozialistischen Staat einen wichtigen Lebensraum auszufüllen." Spätestens an diesem Tage hätten alle Träume von einem eigenständigen genossenschaftlichen Leben in Deutschland beendet sein müssen. Dass sie sogar nach 1945 (und noch 1995, wie wir weiter unten sehen werden) für die ganze Zeit des Nationalsozialismus als lebendig beschworen wurden, ist nichts weiter als ein Trauerspiel. Übrigens: Im Anschluss an seine Ausführungen wurde Kunze einstimmig zum Mitglied der Anwaltschaft gewählt, was ein „stürmisches Bravo" hervorrief. (Vgl. Genossenschaftstag 1933).

Um auch dem letzten Träumer von einer genossenschaftlichen Unabhängigkeit unter dem Nationalsozialismus endgültig klar zu machen, wohin die künftige Reise ginge, sprach auf diesem Genossenschaftstag auch noch Gottfried Feder, so etwas wie der wirtschaftspolitische Chefideologe der NSDAP und noch vor Hitler Parteimitglied. Aktuell war er gerade Staatsekretär im Reichswirtschaftsministerium. Er dekretierte: „Ein Wille ist nunmehr in ganz Deutschland ausschlaggebend, ein Wille befiehlt, und alle Glieder des Deutschen Reiches ordnen sich ihm unter, wissend, daß nur so die Zerrissenheit gebannt, dieses alte grauenhafte deutsche Erbübel des Partikularismus besiegt werden kann." (Genossenschaftstag 1933: 40) So wurden denn auch die Genossenschaften und die Verbände diesem einen Willen unterworfen, wenn sie sich nicht schon selbst unterworfen hatten.

Folgerichtig war bereits der erste Tag des DGV-Genossenschaftstages am 25. August 1933 vom Verbandsdirektor Schinkel aus Hannover mit den Worten zu Ende gebracht worden: „Ich möchte aber die Versammlung nicht schließen, ohne Sie zu bitten, unseres großen Führers, unseres Volkskanzlers Adolf Hitler zu gedenken und ihm ein dreifaches ‚Sieg-Heil!' zu bringen. (Die Teilnehmer der Versammlung erheben sich und stimmen in das dreimalige ‚Sieg-Heil!' ein.)" (Genossenschaftstag 1933: 30)

Die NSDAP betrieb auch hinsichtlich der Genossenschaften wie bei allen anderen gesellschaftlichen Gruppen eine äußerst stringente und erfolgreiche Politik. Die verschiedenen Sparten der Genossenschaften wurden unterschiedlichen Bereichen zugeordnet. Der Reichsorganisationsleiter der NSDAP und Führer der Deutschen Arbeitsfront, Robert Ley, griff nach den Konsumgenossenschaften. Richard Walther Darré, der Agrarpolitiker der NSDAP, wurde Reichslandwirtschaftsminister und Reichsbauernführer und übernahm in dieser Funktion die landwirtschaftlichen Genossenschaften. Adrian von Renteln wurde Präsident des DGV. Damit wurde der Präsidententitel auch bei den gewerblichen Genossenschaften heimisch – bei den landwirtschaftlichen Genossenschaften war das seit den Tagen von Wilhelm Haas der Fall.

Zum Jahrestag der nationalsozialistischen Machtübernahme veranstaltete der Bezirksverband Bremen und Unterweser des Niedersächsischen Genossenschaftsverbandes gemeinsam mit dem Edeka-Verband im Bezirk Weser-Ems am 29. Januar 1934 eine „Massenveranstaltung des gesamten gewerblichen kaufmännischen Mittelstandes". Der Hauptredner war Kunze vom DGV. Im zurückliegenden Jahr, sagte er, habe Deutschland auch eine soziale Revolution erlebt. „Die Durchführung dieser sozialen Revolution im Sinne des Führers ist ein gigantisches Werk, dessen Vollendung heute noch nicht abzusehen ist und dessen praktische Durchführung unsere ganze Kraft und unser ganzes Herz beanspruchen wird. Dieses soziale Werk zu fördern, fühlen sich auch die Genossenschaften des kaufmännischen und gewerblichen Mittelstandes berufen." „Der Redner betonte im Verlauf seiner Ausführungen, daß die Genossenschaften in den vergangenen acht Jahrzehnten sich gewissermaßen als die Vorläufer des neuen deutschen Sozialismus Adolf Hitlers fühlten..." (Bludau 1968: 158f.)

Für den DGV erließ der Reichswirtschaftsminister im Oktober 1936 eine Satzung, durch die der DGV „seine volle staatliche Anerkennung als oberste Prüfungs- und Überwachungsstelle" der – gewerblichen – Genossenschaften erhielt (vgl. Bludau 1968: 47). Wohlgemerkt: Der Staat gab dem DGV seine Satzung und der Verband war oberste Überwachungsstelle! Die Trennung von den ursprünglichen Prinzipien der Genossenschaften (und ihres Wesens) wurde immer strikter. Der Spitzenverband fungierte jetzt offiziell als Kontrollorgan. Auf dem Genossenschaftstag des DGV von 1936 sprach Hjalmar Schacht, Reichsbankpräsident und zugleich amtierender Reichswirtschaftsminister. Er vollzog dabei eine einschneidende Maßnahme: Die Leitung des DGV wurde dem von ihm ernannten Präsidenten, Adrian von Renteln, übertragen. v. Renteln war zuvor Reichsführer der Hitler-Jugend gewesen, dann Leiter des nationalsozialistischen ‚Kampfbundes für den gewerblichen Mittelstand' und wurde im Mai 1933 Führer sowohl des ‚Reichsstandes des deutschen Handels' als auch des ‚Reichsstandes des deutschen Handwerks' (vgl. Bracher 1962: 191). Die Zuständigkeit Langs, der den Titel ‚Anwalt' weiterhin trug, wurde auf das Prüfungswesen reduziert. Drei NSDAP-Mitglieder standen jetzt an der Spitze des DGV: Kunze, Lang, v. Renteln (vgl. Genossenschaftstag 1936: 9).

Der neue Präsident hielt eine längere Antrittsrede, in der er unter anderem versprach, „die Angehörigen der von mir geführten Organisation zum höchsten Ehrgefühl, zur höchsten Disziplin und zur höchsten wirtschaftlichen Leistung anzuhalten, da nur auf diese Weise die schwierigen Aufgaben erfüllt werden können, die uns gesetzt sind. In bin mir bewußt, daß ich diese Aufgaben nur im Sinne des nationalsozialistischen Führerprinzips in Angriff nehmen und ihrer Lösung zuführen kann." Er lobte dann die „überaus wertvolle Arbeit" der „Parteigenossen Dr. Lang und Dr. Kunze". Der neue Präsident ließ aber auch Ausführungen zur Funktion des DGV in der Wirtschaft des nationalsozialistischen Deutschlands hören: „Eine wirklich fruchtbringende volkswirtschaftliche Führung" braucht die Sicherheit, „daß gegebene Anordnungen auch durchgeführt werden". „Dieser enge Konnex zwischen dem Reichswirtschaftsminister und der Wirtschaft" wird durch die Gesetze „über den organischen Aufbau der deutschen Wirtschaft gesichert". In diese Organisation sei nun auch der Deutsche Genossenschaftsverband eingebaut. Er „ist damit die Zwangsorganisation der gewerblichen Genossenschaften geworden". v. Renteln erläuterte dann im Einzelnen, wie der DGV in die dem Vierjahresplan unterliegende Wirtschaftsorganisation eingebaut sei (vgl. Genossenschaftstag 1936: 21f.). Auf diese Weise war die ursprüngliche deutsche Genossenschaftsbewegung in der gewerblichen Wirtschaft an ihr Ende gelangt. Was übrig blieb, war ein gewisses Verbandswesen.

Aus der Fülle der Belege dafür will ich noch einige nennen: Die erste Nummer der DGV-Zeitschrift „Blätter für Genossenschaftswesen" des Jahres 1941 enthielt eine Art Grußadresse der DGV-Anwaltschaft: „Auch im kommenden Jahr werden die deutschen gewerblichen Genossenschaften ihre ganze Kraft einsetzen für das große Ringen des deutschen Volkes. Besonders herzlich aber seien alle unsere genossenschaftlichen Kameraden gegrüßt, die an der Front oder in der Heimat in besonderem Einsatz stehen. Uns alle vereint die Parole: *Kampf bis zum Sieg!*" (Blätter für Genossenschaftswesen 1941: 7). Diese Zeitschrift war noch von Schulze gegründet geworden!

Zum 50. Rheinischen Genossenschaftstag im gleichen Jahr würdigte der Verbandsdirektor Dr. Jongeblodt „den Sieg unser Truppen auf allen Fronten und verband damit ein Treuegelöbnis zu unserem Führer". Direktor v. Lindeiner-Wildau aus Berlin „verbreitete sich weiter über die volkspolitischen Aufgaben der deutschen Genossenschaften, insbesondere in den wiedergewonnenen neuen Gebieten im Osten und Westen. Dabei wies er darauf hin, daß das Ergebnis dieses Krieges für die nächsten 1000 Jahre entscheidend sei, so daß auch die Volksbankleiter alles daran setzen müßten, den Krieg auch wirtschaftlich siegreich zu beenden." (Blätter für Genossenschaftswesen 1941: 8).

Von einem Gotthard Ammerlahn erschien nach dem deutschen Überfall auf die Sowjetunion am 22. Juni 1941 in der DGV-Zeitschrift ein Artikel unter der Überschrift: „Des Führers Tat

– Europas Freiheit". Darin hieß es in Fettdruck: „Moskau hat nun geglaubt, den Weltkrieg, den die jüdisch-britischen Plutokraten entfesselt haben, benutzen zu können, um nach einer allgemeinen Schwächung Europas dieses überfallen und in eine Wüste verwandeln zu können. Der Führer hat auch hier wieder die rechte und reife Stunde erkannt, um auch diesem verbrecherischem Spiel Einhalt zu gebieten. Die Herzen aller Deutschen und Deutschland selbst als Herz Europas glühen diesem Kampf entgegen, weil sie wissen, daß sich in diesem Kampf ein welthistorisch notwendiges Drama vollzieht: Die Zerschlagung der jüdischen Einheitsfront von Plutokratie und Bolschewismus, die Befreiung der Menschheit von einer Pest, an der sie sonst zugrunde gehen müßte!" (Blätter für Genossenschaftswesen 1941: 201).

Weidmüller, der vor und nach 1945 an den Kommentaren zum Genossenschaftsgesetz mitschrieb, kommentierte die „Ost-Rechtspflege-Verordnung" vom 25. September 1941 und führte unter anderem aus: „§ 5 sieht die Möglichkeit einer Beschränkung der gerichtlichen Geltendmachung eines Anspruches eines Schutzangehörigen polnischen Volkstums oder eines staatenlosen Polen gegen einen deutschen Staatsangehörigen oder deutschen Volkszugehörigen vor, wenn das Gericht Bedenken hat, ob die Durchführung des Verfahrens staatlichen oder völkischen Belangen widerspricht." (Blätter für Genossenschaftswesen 1941: 349) Vielleicht sah er sich ähnlich wie Globke, der die Rassengesetze ja auch nur kommentiert hatte, um schlimmere Auslegungen als die seinen zu verhindern.

Mit dem genossenschaftlichen Verbandswesen in der Landwirtschaft sah es nicht besser aus. Hier hatte sich diese Entwicklung sehr rasch vollzogen. Der schon erwähnte Darré hatte seit 1930 den „agrarpolitischen Apparat" der NSDAP aufgebaut. Hitler hatte ihm dazu gesagt: „Organisieren Sie mir die Bauern, ich lasse ihnen freie Hand." (Vgl. Frank 1988: 75ff.) Darré hatte auch die Leitung des SS-Rasseamtes, des späteren Rasse- und Siedlungshauptamtes übernommen. Nach dem 30. Januar 1933 arbeitete er intensiv an der Übernahme aller wichtigen Führungspositionen in der Landwirtschaft. Alle landwirtschaftlichen Verbände wurden gleichgeschaltet. Schon im April 1933 übernahm Darré die Präsidentschaft des Raiffeisen-Verbandes. Zwei Monate später wurde er Reichsminister für Ernährung und Landwirtschaft. Er erhielt den Auftrag, „die Regelung des ständischen Aufbaues der Landwirtschaft" zu organisieren. Das geschah durch die Zusammenfassung aller bisher relevanten landwirtschaftlichen Organisationen im so genannten „Reichsnährstand". Darré wurde schließlich auch Reichsbauernführer. „Für alle Personen oder Betriebe, die mit der Landwirtschaft oder ihren Produkten zu tun hatten", bestand Zwangsmitgliedschaft im „Reichsnährstand (vgl. Frank 1988: 112ff.).

Auch die landwirtschaftlichen Genossenschaften waren organisatorisch in den Reichsnährstand eingebunden. Ihre Kontrolle oblag dessen „Reichshauptabteilung III", die die merkwürdige Bezeichnung „Der Mensch" trug. Die Genossenschaften waren – ähnlich wie bei den gewerblichen Genossenschaften – „weder an- oder eingegliedert noch aufgelöst worden. Es war nur eine ‚gesetzliche Union zwischen der Führung des Reichsnährstandes und der Führung der Revisionsverbände geschaffen worden'. Diese ‚Union' war dadurch entstanden, daß die Führungsspitze der Genossenschaften abgesetzt worden und an ihre Stelle beim Reichsverband der Reichsbauernführer, bei den einzelnen Landesverbänden der jeweilige Landesbauernführer getreten war." Um auch jede einzelne, auch kleinere Genossenschaften botmäßig zu halten, „war im Reichsnährstand ein Repressalienkatalog aufgestellt worden, der angewandt werden sollte, um Einzelgenossenschaften auf die Linie des Reichsnährstandes zu zwingen.

So musste auf Befehl des Reichsbauernführers eine Generalversammlung abgehalten werden, deren Tagesordnungspunkte vorgegeben wurden. „Gegen ‚unbotmäßige' Vorstandsmitglieder von Genossenschaften" durften die Standesgerichte des Reichsnährstandes eingesetzt werden. Sie konnten die Fähigkeit zur Vorstandszugehörigkeit aberkennen (vgl. Frank 1988: 140ff.). Bracher spricht in diesem Zusammenhang in seinen „Stufen der Machtergreifung" (immerhin schon 1962 erschienen) von ‚pseudokooperativen' Einrichtungen (vgl. Bracher 1962: 180).

Der Tiefpunkt der genossenschaftlichen Geschichte im nationalsozialistischen Deutschland dürfte durch das folgende, bei Bludau abgedruckte Dokument des Deutschen Genossenschaftsverbandes erreicht worden sein. Es trägt die Überschrift: „Präsident Dr. v. Renteln dankt Generalfeldmarschall Göring." Der Text: „Der Beauftragte für den Vierjahresplan, Generalfeldmarschall Göring, hat unter dem 12. November 1938 eine Verordnung zur Ausschaltung der Juden aus dem deutschen Wirtschaftsleben erlassen, in deren § 3 es wörtlich heißt: ‚Ein Jude kann nicht Mitglied einer Genossenschaft sein. Jüdische Mitglieder von Genossenschaften scheiden zum 31. Dezember 1938 aus. Eine besondere Kündigung ist nicht erforderlich.' Die große Freude, die diese Verordnung bei allen deutschen Genossenschaftern ausgelöst hat, kommt u. a. in dem Danktelegramm zum Ausdruck, das der Präsident des Deutschen Genossenschaftsverbandes an Generalfeldmarschall Göring […] gesandt hat." (Bludau 1968: 167). Schon vom Juni 1938 stammte ein Plan der nationalsozialistischen Führung (nämlich von Göring, dem Reichsinnenminister Frick, dem Reichswirtschaftsminister Funk, dem Chef der Sicherheitspolizei Heydrich) im Zuge der generellen Enteignung von Betriebsvermögen in jüdischer Hand auch die „Geschäftsguthaben bei Erwerbs- und Wirtschaftsgenossenschaften" sich anzueignen (vgl. Reichskanzlei-Akten 2008: 447ff.).

Das war die Konsequenz jener völkischen Sichtweise auf die Genossenschaften, die die Akademie für Deutsches Recht pflegte und die von Johann Lang, dem Anwalt des Deutschen Genossenschaftsverbandes, mitgetragen wurde. Es sei noch einmal auf die Denkschrift des Ausschusses für Genossenschaftsrecht der Akademie für Deutsches Recht hingewiesen, in der es hieß: „Die Genossenschaft wurzelt in deutscher Überlieferung." Sie werde u. a. getragen von dem „Bekenntnis zu Einordnung und Gemeinschaft". „Sie ist tief in deutscher Überlieferung verwurzelt". Der genossenschaftliche Gedanke sei „dem deutschen Wesen und damit dem deutschen Menschen innerlich vertraut". Die Genossenschaften müssten „auch zu Nutzen von Volk und Reich von jedem Genossenschafter verlangen, daß er bereit ist, sich in ihre Gemeinschaft einzuordnen und als deren nützliches Glied zu wirken." (Frank 1940: 14ff.)

Der Verbandszwang als Ausdruck des Führerprinzips bedeutete also nichts anderes als die Aufgabe der genossenschaftlichen Prinzipien von Selbsthilfe, Selbstverwaltung, Selbstverantwortung und Freiwilligkeit. Die Genossenschaften waren Teil des totalitären Staates und einer vollständig reglementierten Wirtschaft und die genossenschaftlichen Organisationen waren williger Bestandteil des nationalsozialistischen Machtapparates. Von einer Genossenschaftsbewegung konnte keine Rede sein. Die genossenschaftliche Idee war – fast im wahren Sinn des Wortes - zum Teufel gegangen.

Das Genossenschaftswesen und der Verbandszwang nach 1945

Mit dem Ende des Krieges 1945 war – zunächst – auch die Existenz der genossenschaftlichen Spitzenverbände beendet. Aus welchen Gründen das im Einzelnen so war und wie die Spitzenorganisationen wieder erstanden, ist für unsere Betrachtung sicher nicht von zentraler Bedeutung. Aber es ist schon seltsam, mit welch dürren Worten die offizielle und offiziöse Geschichtsschreibung des Genossenschaftswesens über das Jahr 1945 hinweg geht. So gibt es eine Darstellung des Spitzenverbandes der gewerblichen Genossenschaften, der 1948 unter dem früheren Namen Deutscher Genossenschaftsverband wieder erstand. Diese Schrift ist 1972 erschienen, also relativ zeitnah. Sie enthält lediglich die lapidare Feststellung: „Der Zusammenbruch des deutschen Reiches hatte der Arbeit des Deutschen Genossenschaftsverbandes ein Ende bereitet. Versuche des Anwalts Dr. Lang, den Verband von Berlin aus neu aufzubauen, scheiterte." Über die allmähliche Ausdehnung von Arbeitsgemeinschaften der erhalten gebliebenen regionalen Prüfungsverbände sei er dann 1948 neu entstanden. (Lukas 1972: 35).

Auch in der (einzigen einigermaßen umfassenden) Geschichte des deutschen Genossenschaftswesens von Helmut Faust, in der dritten Auflage 1977 erschienen, also ebenfalls eher zeitnah, wird das Jahr des Kriegsendes sehr wortkarg abgehandelt. Zum Schicksal des Deutschen Genossenschaftsverbandes 1945 verliert Faust kein Wort. Es heißt lediglich, es – das Kriegsende - habe an den „Rand des Chaos" geführt (Faust 1977: 310). Zur landwirtschaftlichen Spitzenorganisation teilt er immerhin noch mit: „Der politische und wirtschaftliche Zusammenbruch des Deutschen Reiches im Jahre 1945 bedeutete aber das Ende der verbandlichen Spitzenorganisation", der Raiffeisenverband

„mußte liquidiert werden" (Faust 1977: 430f.). Ich will jetzt davon absehen, dass 1945 nichts zusammengebrochen ist (allenfalls das Welt- und Menschenbild gläubiger Nationalsozialisten), sondern dass Deutschland militärisch und politisch eine totale Niederlage erfuhr.

In der ebenfalls offiziösen Darstellung des genossenschaftlichen Verbandswesens von Aschhoff und Henningsen, 1995 von der Deutschen Genossenschaftsbank veröffentlicht, heißt es über das Jahr 1945 lediglich: „Alle zentralen Organisationen gingen mit dem Kriegsende unter oder mußten aufgelöst werden." (Aschhoff/Henningsen 1995: 38f.).

Was immer 1945 im deutschen Genossenschaftswesen geschah, seit Ende der vierziger Jahre waren im Großen und Ganzen die gewohnten Verbandsstrukturen wieder hergestellt. Wie aber sah man in diesen Strukturen die Jahre vor 1945? Eine Reihe von Äußerungen ist aus dem Jahr 1951 überliefert. In diesem Jahr gaben Lang und Weidmüller als führende Verbandsvertreter und Rechtsexperten des Deutschen Genossenschaftsverbandes auch nach 1945 ihren Kommentar zum Genossenschaftsgesetz noch einmal heraus. Er war sorgfältig von allem Lob des Nationalsozialismus gereinigt. Aber es fehlt jeder kritische Hinweis auf die genossenschaftlich relevante Gesetzgebung in der Zeit des Nationalsozialismus. Im Gegenteil, der Text zum Paragraphen 54 war unverändert – und er stand immer noch unter der Überschrift „Anschlußzwang" (vgl. Lang/Weidmüller 1951). Von Pflichtmitgliedschaft war noch keine Rede.

Auch Letschert lässt 1951 eine Neuauflage seines Buches zur genossenschaftlichen Prüfung erscheinen. Im Zusammenhang mit der Einführung des Verbandszwangs schreibt er: „Wenn schon vor 1934 nur ein kleiner Bruchteil der Genossenschaften außerhalb der Verbandsorganisation stand, so sind nach Einführung des Verbandszwangs kaum Klagen genossenschaftlicher

Kreise über diesen Zwang laut geworden, das beste Zeichen dafür, daß die Genossenschaften diesen Zwang für notwendig und nützlich angesehen haben und heute noch ansehen." (Letschert 1951: 26). Diese Aussage atmet noch voll und ganz den Geist der dreißiger Jahre in Deutschland und negiert andererseits völlig den Geist, mit dem die Genossenschaften einst angetreten waren. Es war der Geist der Freiheit, der Selbstverantwortung, der nun – folgt man Letschert - dahingehend pervertiert war, dass Zwang als notwendig und nützlich angesehen wird. Letschert beweist aber auch einen massiven Zynismus, wenn er das Fehlen von Klagen über den Zwang unter dem nationalsozialistischen Terror für ein Zeichen von Einverständnis ansieht. Immerhin gesteht er ein (ohne sich über den eklatanten Widerspruch zu genossenschaftlichen Grundprinzipien klar zu sein): „Die Novelle 1934 hatte die Freiheit der Genossenschaften wesentlich eingeschränkt." (Letschert 1951: 27).

Im Heft 4 des ersten Jahrgangs der 1951 ins Leben gerufenen Zeitschrift für das gesamte Genossenschaftswesen finden sich einige Beiträge, die sich auf die Zeit zwischen 1933 und 1945 beziehen. So schreibt der uns schon von 1934 bekannte Henzler in einem Aufsatz von der „Berechtigung des einst von allen deutschen Genossenschaftszweigen gewünschten, im deutschen Genossenschaftsgesetz verankerten Anschlußzwangs." (Henzler 1951: 204). So dicht wie Henzler bei der Implantation des Anschlusszwangs beim Geschehen war, zeigt sich in dieser wahrheitswidrigen Aussage mehr als bloße Vergesslichkeit. Man kann sie getrost als Lüge bezeichnen.

Auch Johannes Lang verharmlost die Bedeutung der Novellierung des Genossenschaftsgesetzes von 1934, wenn er scheinbar arglos feststellt: „Der Anschlusszwang ist lediglich eine Forderung aus den Erfahrungen der Vergangenheit. ... Nachdem nun einmal die Genossenschaften verpflichtet sind, sich durch einen

Prüfungsverband, dem das Prüfungsrecht verliehen ist, prüfen zu lassen, wie die Aktiengesellschaften durch den öffentlich bestellten Wirtschaftsprüfer, kann die Verpflichtung, sich zu diesem Zweck auch einem Prüfungsverband anzuschließen, nicht als Koalitionszwang, sondern nur als eine ganz konsequente Maßnahme zur Durchführung der gesetzlich vorgeschriebenen Pflichtprüfung angesehen werden." (Lang 1951: 256). Allerdings legt Lang mit dem sich anschließenden Satz dem genossenschaftlichen Verbandswesen ein Kuckucksei ins Nest. Er sagt nämlich: „In einer gelenkten Wirtschaft kann der Staat auf derartige Einflußnahmen auf die Wirtschaft nicht verzichten." (Ebda.). Lang hatte noch 1951 offensichtlich nicht gemerkt, dass die Zeit der staatlichen Kontrolle und Lenkung der Wirtschaft, wie sie unter dem Nationalsozialismus betrieben wurde und die er gemeinsam mit Ludwig Weidmüller zustimmend kommentiert hatte, spätestens schon 1948/49 durch die Politik Ludwig Erhards beendet und der Weg in die Marktwirtschaft beschritten worden war. Nimmt man Lang ernst, sollte der Staat gerade in der Marktwirtschaft auf Anschlusszwang und dergleichen verzichten können.

Lang schreckt auch nicht davor zurück, die Denkschrift von 1940 aus der Akademie für Deutsches Recht, die die Grundlage für ein „völkisches Recht" auch auf dem Gebiet des Genossenschaftswesens sein sollte, als Muster zu bezeichnen: „Die Vorschläge für redaktionelle Änderungen des Genossenschaftsgesetzes und solche juristisch-technischer Art sind in der Denkschrift des seinerzeitigen Ausschusses für Genossenschaftsrecht eingehend behandelt worden, und ich darf auf die dort gemachten Vorschläge verweisen." (Lang 1951: 257). Sicher, er bezieht sich auf technische und formale Vorschriften, übersieht dabei allerdings, dass 1940, wie er selbst zwei Jahre vorher in seinem Kommentar festgestellt hatte, „nationalsozialistisches Gedankengut" seinen

Ausdruck bereits im Genossenschaftsgesetz gefunden hatte und dass die Arbeiten bei der Akademie für Deutsches Recht für dessen Weiterentwicklung eine Grundlage „unter Berücksichtigung nationalsozialistischer Grundsätze bilden". (Lang/Weidmüller 1938: 12).

Noch zwei weitere Autoren empfehlen – auch sie in der Zeitschrift für das gesamte Genossenschaftswesen von 1951, Heft 4 – die Arbeiten aus der Akademie für Deutsches Recht zum Genossenschaftsrecht wieder aus der Versenkung zu holen. Beide gehörten wie Johannes Lang deren Genossenschaftsausschuss an. Es sind Reinhold Henzler (vgl. Henzler 1951: 187) und Georg Schröder, der auf den dort erarbeiteten „verabschiedungsreifen" Entwurf für ein Genossenschaftsgesetz verweist und meint, „der Entwurf ist über den Krieg erhalten geblieben und könnte heute die Grundlage für eine Weiterführung der Arbeiten bilden." (Schröder 1951: 225)

Der letzte in unserem Zusammenhang erwähnenswerte Beitrag aus dem hier dargestellten Heft der Zeitschrift für das gesamte Genossenschaftswesen, von einem Genossenschaftswissenschaftler, Heinz Paulick, verfasst, beginnt schon mit dem semantischen Weichspülen. Denn hier ist – offensichtlich zum ersten Mal – von „Pflichtmitgliedschaft" die Rede (Paulick 1951: z. B. 266), allerdings auch noch von „Anschlußzwang" (Paulick 1951: z. B. 265). Paulick beschwört auch die, wie zu vermuten ist, seit dieser Zeit herrschende Legende, um nicht zu sagen Lüge, vom Willen der Genossenschaften nach dem Anschlusszwang. Er tut es sehr nachdrücklich: „Die Motive, die den Gesetzgeber veranlaßten, die freie Entschließung der Genossenschaften darüber, ob sie einem Prüfungsverband angehören wollen oder nicht, zugunsten der Pflichtmitgliedschaft zu beseitigen, haben ihre Wurzel in dem immer wieder geäußerten Wunsche der Genossenschaften nach einer solchen Einrichtung. Der Ausschlußzwang [!] wurde nicht den Genossenschaften vom Gesetzgeber einseitig und wider ihren Willen aufgezwungen, sondern wurde auf Betreiben der Genossenschaften und in völliger Übereinstimmung mit ihnen eingeführt und systematisch ausgebaut." (Paulick 1951: 267; Hervorhebung von mir). Paulick ist sich sogar nicht zu schade, den Anschlusszwang auf das Betreiben der Genossenschaften und nicht der Genossenschaftsverbände zurückzuführen. Welche Genossenschaften hätten denn eigentlich sich hierbei engagieren sollen, diejenigen, die bereits Verbandsmitglieder waren – aber warum? – oder diejenigen, die außen vor standen? Die letzteren hätten ihren Wunsch einfacher erfüllen können, nämlich durch bloßen Erwerb der Verbandmitgliedschaft.

Als Anfang der 50er Jahre in der Bundesrepublik in Politik und Wirtschaft Fragen des Genossenschaftsrechts diskutiert wurden, haben 1954 Bundestag und Bundesrat die Bundesregierung ersucht, „das geltende Genossenschaftsrecht zu überprüfen und die Vorarbeiten für eine Reform unverzüglich in Angriff zu nehmen". Zur Klärung grundsätzlicher Fragen berief daraufhin der Bundesjustizminister eine Kommission aus Sachverständigen (vgl. Neumayer 1956: 3).

Die Materialien und Referate aus dieser Kommission sind dann 1956 bis 1959 in drei Bänden vom Bundesjustizministerium herausgegeben worden. Auch der unvermeidliche Johann Lang gehörte dieser Kommission an. Das Thema des Verbandszwangs, der jetzt fast durchgehend Pflichtmitgliedschaft genannt wurde, überließ er aber anderen. So behandelte Ernst von Caemmerer, der über Jahrzehnte hin eine Rechtsprofessur in Freiburg/Breisgau inne hatte, dieses Thema. Dabei spann er recht ausführlich an dem Märchen, wonach die gesetzliche Regelung von 1934 „das Ergebnis der Erfahrungen der vorausgegangenen Krisenjahre" gewesen sei (vgl. Caemmerer 1959: 10f.). Er stellt dar, was „der" Gesetzgeber 1934 mit diesem Gesetz so alles beabsichtigte, reflektiert aber in keinem einzigen Satz, dass „der" Gesetzgeber in Deutschland seit dem Ermächtigungsgesetz vom 23. März 1933 allein die hitlersche Reichsregierung war (vgl. Caemmerer 1959: 30f.). Auch für Caemmerer entsprang die „Neuerung" von 1934 „nicht nationalsozialistischen Gedankengängen. Sie gründete sich vielmehr auf die Erkenntnisse der genossenschaftlichen Praxis, die sich im Interesse der Gesunderhaltung des Genossenschaftswesens der Notwendigkeit einer Beschränkung der Selbstverwaltung der Genossenschaften zwecks Durchführung einer wirksamen Prüfungskontrolle durch die Verbände nicht verschlossen hatte." (Caemmerer 1959: 31) Offensichtlich ging es 1934 um gesunde Genossenschaften in einem gesunden Staat. Tatsächlich aber war, wie wir gesehen haben, das ‚Genossenschaftswesen' so krank wie das Staatswesen auch.

Immerhin: Der weltweiten genossenschaftlichen Organisation, dem Internationalen Genossenschaftsbund (IGB) gehörte der DGRV während des Kalten Krieges nicht an. Der IGB vereinte nämlich auch die Genossenschaften des kommunistischen Lagers. Und deren Abhängigkeit von Partei und Staat widersprach nach Ansicht des DGRV den Prinzipien von freien und unabhängigen Genossenschaftern. Diese Sichtweise mag durchaus akzeptabel sein – nur hätte man sie dann auch auf die eigene Vergangenheit im nationalsozialistischen Staat richten müssen.

Es soll auch noch die Festschrift des Deutschen Genossenschaftsverbandes erwähnt werden, die zu seinem hundertjährigen Bestehen, also 1959, erschien. Darin wird zum Beispiel so Wesentliches berichtet, dass der 1906 gegründete „Verband der Eisenbahn-Spar- und Darlehnskassen" 1938 dem DGV beitrat. Interessant wäre es, zu wissen ob das freiwillig geschah oder ob dahinter der Zwang der Gesetzgebung von 1934 stand, wonach jeder Prüfungsverband einem Spitzenverband angehören musste. Es heißt dann: „Damit hatte das gewerbliche Genossenschafts-

wesen seine heutige Geschlossenheit im Deutschen Genossenschaftsverband als Spitzenverband erreicht." Erstaunlich, welch
positives Erbe der Nationalsozialismus dem Genossenschaftswesen hinterlassen hat. Eine höchst diffuse Aussage ist diese:
„Erneut mußten nach 1933 alle ideologischen Kräfte des Genossenschaftswesens zusammengefaßt und eingesetzt werden, da
der Nationalsozialismus den Genossenschaften zunächst keinen
Platz in seiner Wirtschaftsordnung einräumen wollte." (DGV
1959: 697). Man hat sich also offenbar der nationalsozialistischen
Ideologie so intensiv angepasst, dass sich der Nationalsozialismus
durch das Genossenschaftswesen nicht mehr behindert sah. Und
dann noch diese peinliche Unwahrheit: „Gegen die Einführung
des Führerprinzips bei den Genossenschaften, was ja nichts anderes bedeutete als die Aufgabe der Selbsthilfe und der Selbstverantwortung, hat Dr. Lang sich in Wort und Schrift wie auch
im Genossenschaftsausschuß der Akademie für deutsches Recht
erfolgreich zur Wehr gesetzt." (Vgl. DGV 1959: 69f.)

Ich habe auch bei Helmut Faust nachgesehen, dem bereits
zitierten Autor der einzigen umfassenden Genossenschaftsgeschichte. Seine „Geschichte der Genossenschaftsbewegung" ist
1958 in erster und 1977 in dritter und letzter Auflage erschienen
und trägt angesichts der früheren Tätigkeiten Fausts im genossenschaftlichen Bereich durchaus auch offiziöse Weihen. Bei ihm
heißt es: Von den zwei Anwälten an der Spitze des DGV 1933
sei der eine, Johann Lang, „ein ausgesucht tüchtiger, erprobter
Jurist" gewesen – der andere allerdings, Karl Korthaus, habe „sich
vorbehaltlos auf die Seite der nationalsozialistischen Bewegung"
gestellt. Er sah „in dem politischen Umbruch von 1933" „eine
Schicksalswende für das deutsche Volk". Korthaus habe nämlich in der DGV-Zeitschrift geschrieben, es wäre „ein Unglück,
wenn die genossenschaftlichen Vertreter jetzt schmollend bei-
seite stehen und den starken Pulsschlag der Zeit nicht verneh-

men würden." Für Faust äußerte sich darin „reiner Idealismus". Im anschließenden Satz offenbart dann Faust (wieder) eine unglaubliche Verniedlichung nationalsozialistischer Politik: „Dem wackeren Manne ist es erspart geblieben, zu erleben, wie bald die nationalsozialistischen Usurpatoren in Deutschland sich über die Verfassung hinwegsetzten, die politische Diktatur errichteten, die Freiheit zerstörten, das Recht missachteten und schließlich das Land in die Katastrophe des Zweiten Weltkrieges führten…". (Faust 1977: 307f.) Korthaus starb nämlich am 15. Dezember 1933 – er hat also alles das (bis auf den Krieg), von dem Faust meint, es sei ihm erspart geblieben, sehr wohl erlebt: Die Errichtung der politischen Diktatur, die Zerstörung der Freiheit, die Missachtung des Rechts und noch einiges mehr. Auch Faust hat das Jahr 1933 erlebt. Aber für ihn war die Zerstörung einer demokratisch verfassten Republik einschließlich der tagtäglich verübten Brutalitäten lediglich ein „politischer Umbruch".

Mit geradezu bewundernswerter Zurückhaltung stellt Faust über Johann Lang fest: „In den Jahren von 1933 bis 1945 galt es vor allen, gegenüber dem vom nationalsozialistischen Gewaltregime in der Verwaltung geforderten Führerprinzip die genossenschaftlichen Grundsätze der Selbstverwaltung und Selbstverantwortung nicht ganz verkümmern zu lassen, was gewiß nicht leicht war." (Faust 1977: 310).

Ehrlicher ist Faust hinsichtlich der landwirtschaftlichen Genossenschaften. Zum „Reichsverband der deutschen landwirtschaftlichen Genossenschaften – Raiffeisen – e. V." stellt Faust die entsprechenden Passagen unter die Überschrift „Niedergang von 1933 – 1945". Er bemerkt, dass in der Landwirtschaft schon vor 1933 mit dem Nationalsozialismus sympathisiert wurde, dass es genossenschaftliche Führer gab, „die sich nationalsozialistisches Gedankengut zu eigen gemacht haben und es in den Genossenschaften zu verbreiten suchten."

Schon von 1930 an wurde „die gesamte landwirtschaftliche Organisation" durch den „wohlorganisierten agrarpolitischen Apparat der NSDAP politisch unterwandert". „Die nationalsozialistische Machteroberung im Jahre 1933 brach dann aber wie ein reißender Strom auch über die landwirtschaftlichen Genossenschaften herein. Wo Widerstand geleistet wurde, setzten sich die Nationalsozialisten mit ‚Brachialgewalt' durch. Es kam zu einer völligen Neuordnung der Organisation." (Faust 1977: 425f.)

Zum Verhältnis des Nationalsozialismus zu den Konsumgenossenschaften stellt Faust zutreffend fest: „Beide Bewegungen verfochten Prinzipien, die sich nicht miteinander vereinbaren ließen. Hier totalitäre Diktatur, dort demokratische Organisation. Mit ihrer ungehemmten Propaganda suchten die Nationalsozialisten auch den Mittelstand, und hier in erster Linie die Einzelhändler, zu gewinnen, die in den Konsumgenossenschaften seit eh und je ihre scharfen Konkurrenten erblickt hatten. In diesen Schichten fanden die demagogischen Phrasen der Nationalsozialisten einen günstigen Nährboden." Faust schildert dann relativ ausführlich die Einvernahme und Zerstörung der Konsumgenossenschaften durch die Machthaber (vgl. Faust 1977: 485ff.).

Abschließend soll in diesem Zusammenhang – die Sicht des Genossenschaftswesens auf die Zeit des Nationalsozialismus - die 1995 erschienene überarbeitete Publikation von Gunter Aschhoff und Eckart Henningsen herangezogen werden Sie ist im DG-Verlag erschienen und erhält dadurch einen offiziösen Charakter.

Die Autoren fassen wahrhaft epochenübergreifende Entwicklungen unter einer Überschrift zusammen: „Die Zeit von 1918 bis 1945". Das klingt, als hätte es in diesen 28 Jahren keine nennenswerte Zäsur gegeben. Sie wäre erst 1945 zu verzeichnen. Allerdings trennt der erste Satz unter dieser Überschrift den gesamten Zeitraum noch einmal in zwei Zeitspannen: „Die Periode vom Ende des Ersten bis zum Ende des Zweiten Weltkrieges unterteilt sich in die Jahre bis 1933 und die folgende Zeitspanne der Zentralverwaltungswirtschaft sowie der Kriegszeit von 1939 bis 1945." Sonst war 1933 nichts weiter geschehen, lediglich die Zentralverwaltungswirtschaft hielt ihren Einzug. Das Jahr 1934 ist aber auch noch in anderer Beziehung eine Erwähnung wert: „Einen besonderen Akzent erhielt die Genossenschaftsorganisation im Jahre 1934, als durch eine Genossenschaftsrechtsnovelle die 1889 verankerte generelle Pflichtprüfung der Genossenschaften durch die Pflichtmitgliedschaft in einem genossenschaftlichen Prüfungsverband ergänzt wurde…" Das ist – auch unabhängig vom nationalsozialistischen Hintergrund des Anschlusszwangs - eine bemerkenswerte Fehlinterpretation: Der Zwang einer Organisation beizutreten sei nichts weiter als die Ergänzung einer Prüfungsverpflichtung. Weiter heißt es: „Die zunehmende Eingliederung in die Zentralverwaltungswirtschaft … traf die Genossenschaften in unterschiedlicher Weise. Grundsätzlich paßten die auf demokratischer Selbstverwaltung beruhenden Genossenschaften nicht in das gesellschaftspolitische und wirtschaftsordnungspolitische Konzept des Nationalsozialismus, doch hatten sie sich andererseits eine so starke Marktposition erarbeiten können, daß man sie auch nicht einfach auflösen konnte." (Aschhoff/ Henningsen 1995: 33ff.)

Glauben die Autoren wirklich, die Genossenschaften seien so stark gewesen, wie sonst nur die Kirchen, die auch nicht einfach aufgelöst werden konnten? Sollten sie stärker gewesen sein als alle politischen Parteien, als die Gewerkschaften, die sämtlich einfach aufgelöst wurden? Waren die Genossenschaften stärker als die deutschen Länder, deren Autonomie vollständig beseitigt wurde? Wollen die Autoren kundtun, dass sie nie von der nationalsozialistischen Politik der Gleichschaltung gehört hatten? Ein Blick in eines der schon seit Mitte der 50er Jahre erschienenen zahlreichen Werke vor allem Karl Dietrich Brachers zur nationalsozialistischen Herrschaft (vgl. z. B. Bracher 1962: 186ff. u. Bracher 1993: 238f.) hätte Aschhoff und Henningsen darüber aufklären können, wie auch die stärksten Gegner des Nationalsozialismus so zerstört wurden, dass bestenfalls bloße Hüllen übrig blieben.

Immerhin wissen die Autoren, dass „nur" in einem einzigen Bereich, dem der Konsumgenossenschaften, anderes geschah: Es wurden nämlich „deren sozialistisch orientierte Aktivitäten durch die Zerschlagung ihrer Träger unterbunden" (vgl. Aschhoff/Henningsen 1995: 37). Das ist eine ungeheuerliche Formulierung und zudem grenzenlos ignorant. Wer unter der Ägide der Deutschen Genossenschaftsbank über „Das deutsche Genossenschaftswesen" schreibt, sollte eigentlich wissen, dass die Träger der Genossenschaften, auch der Konsumgenossenschaften, niemand anderes als ihre Mitglieder waren. Was nach 1933 zerschlagen wurde, das waren die konsumgenossenschaftlichen Organisationen, einschließlich des katholisch orientierten Verbandes. Und der war schon von Haus aus nicht so sehr geeignet, „sozialistisch orientierte Aktivitäten" zu unternehmen. Erschreckend ist, dass die Autoren unbedarft genug sind, die nationalsozialistische Begründung der Zerstörung der Konsumgenossenschaften mit dem Terminus der „sozialistisch orientierten Aktivitäten" ohne weiteres zu übernehmen. Tatsächlich hat schon vor 1933 „der Kampf der NSDAP gegen die Konsumgenossenschaften als einer unerwünschten Großbetriebsform im deutschen Einzelhandel" stattgefunden – so die entsprechende Kapitalüberschrift in Kurzers „Nationalsozialismus und Konsumgenossenschaften" (vgl. Kurzer 1997: 56ff.).

Die Verbände der ländlichen Genossenschaften behielten, so unsere beiden Autoren, „ihre - durch die Genossenschaftsrechtsnovelle von 1934 erweiterten – Prüfungs- und auch ihre sonstigen Betreuungsfunktionen im Wesentlichen in eigener Autonomie."

Wie abstrus diese Aussage ist, ist uns inzwischen bekannt. (Vgl. Aschhoff/Henningsen 1995: 37f.)

Bemerkenswert ist, dass in Österreich die 1938 mit dem Anschluss an Deutschland begonnene Zeit der nationalsozialistischen Herrschaft zutreffender gesehen wird. Klar und deutlich wird in einer 1997 erschienenen Geschichte der österreichischen Genossenschaften festgestellt: Nach dem Anschluss 1938 „wurde aber auch im Österreichischen Genossenschaftsverband sehr bald das Kennzeichen spürbar, welches das nationalsozialistische Gewaltregime am deutlichsten auszeichnete: Der Zwang." Es sei zur „totalen Gleichschaltung" gekommen. Und: „Die Jahre 1938 bis 1945 seien „nicht als wirkliche Genossenschaftsgeschichte anzusehen", weil „wesentliche Grundvoraussetzungen des reinen Genossenschaftswesens fehlen". (Brazda/Schediwy/Todev 1997: 210ff.). Das deutsche Verbandswesen dagegen hat alles verdrängt, bis heute.

Übrigens könnte man die semantische Kosmetik – den Ersatz des Wortes Verbandszwang durch Pflichtmitgliedschaft – seitens der Verbände fast noch verstehen. Pflicht klingt angenehmer, denn das Wort trägt eine moralische Komponente. Aber Zwang, das ist nur hässlich und lästig. Dass aber auch Rechtswissenschaftler solche Zweckbehauptungen übernehmen, deren Unrichtigkeit nun wirklich nicht schwer festzustellen ist, hinterlässt einen schalen Geschmack. Was ist denn eigentlich angesichts dieser wissenschaftlichen Unredlichkeit von solchen Kommentaren zu halten? Denn immerhin, im Handwörterbuch des Genossenschaftswesens, 1980 erschienen, nennt der Autor des Stichwortes „Genossenschaftsgeschichte", Hugo Tillmann, das Kind noch bei seinem offiziellen Namen: ‚Anschlusszwang' (vgl. Tillmann 1980: 783).

Kein Anschlusszwang – mehr genossenschaftliche Freiheit

Merkwürdig ist, wie reflexhaft und geradezu furchtsam das sozusagen offizielle Genossenschaftswesen auf Einwände gegen den Anschlusszwang reagieren kann. In Heft 4 des Jahres 2009 druckte die Zeitschrift für das gesamte Genossenschaftswesen einen Beitrag von Fabian Wolfgang Heß ab, „Die Pflichtmitgliedschaft in den Prüfungsverbänden auf dem Prüfstand". Der Titel verrät, dass Heß die Angelegenheit kritisch sieht. Deutlich genug sagt er: „Insbesondere vermag das gebetsmühlenhaft vorgetragene Argument der Sicherung der Insolvenzfestigkeit der Genossenschaften nicht zu überzeugen. Dass Insolvenzen von Genossenschaften selten sind, steht außer Frage. Ob dies aber ausschließlich auf die Pflichtmitgliedschaft in den Verbänden zurückzuführen ist, ist mehr als fraglich." Außerdem seien auch andere Instrumente vorhanden, zum Beispiel bei den Banken die Sicherungseinrichtungen des BVR oder aber auch die Möglichkeit der Fusionen, um drohenden Insolvenzen zu begegnen. Auch eine Mindestausstattung mit Kapital gehöre dazu, denn „ist ausreichend Kapital zur Gewährleistung des notwendigen Gläubigerschutzes vorhanden, hat sich das Pflichtmitgliedschaft zugrunde liegende Motiv erledigt, weshalb auf die Pflichtprüfung durch die Verbände verzichtet werden könnte." Und: „Aus fachlicher Sicht bestehen, jedenfalls seit der Anhebung der Qualifikationsanforderungen an die Prüfer durch die letzten Änderungen der WPO, keine Bedenken gegen eine freie Prüferwahl." (Heß 2009: 290f.; WPO meint die Wirtschaftsprüferordnung). Nun könnte man der Zeitschrift, die als nicht unwichtiger Bestandteil des Genossenschaftswesens eine solche kritische Betrachtung veröffentlicht, durchaus Anerkennung zollen, wenn es denn nicht erstens für eine wissenschaftliche Zeitschrift selbstverständlich wäre, kritischen Beiträgen Raum zu geben und wenn sie zweitens den Artikel nicht mit folgender Anmerkung versehen hätte: „Die Ausführungen geben seine persönlichen Ansichten wieder." (Heß 2009: 285). Was eigentlich sonst? Sind alle übrigen Beiträge mit den zustimmenden Weihen des Weltgeistes gesegnet? Oder werden sie nur mit der ausdrücklichen Zustimmung des Präsidenten des Deutschen Genossenschafts- und Raiffeisenverbandes veröffentlicht? Ein merkwürdiger Vorgang, der zu der Frage Anlass gibt, wie unabhängig oder abhängig die Genossenschaftswissenschaft eigentlich von den Genossenschaftsverbänden ist.

Zurück zu den Fakten: Es ist unbestreitbar, dass genossenschaftliche Insolvenzen sehr selten sind. Aus den amtlichen Statistiken lässt sich errechnen, dass zum Beispiel im Jahr 2009 von den in Deutschland vorhandenen Personal- und Kapitalgesellschaften 1,58% in Insolvenz geraten sind, dagegen von den Genossenschaften nur 0,24% (vgl. Kaltenborn 2014: 181). Das sind für Genossenschafter äußerst zufrieden stellende Zahlen. Unerklärlich ist aber, warum der DGRV eine eher unseriöse Darstellung zu diesem Tatbestand wählt. Er berichtet nämlich in seinem Geschäftsbericht für 2013, die GmbH seien 2012 von 41,9% aller Insolvenzen betroffen, die Genossenschaften von nur 0,1% (vgl. DGRV 2013: 7). Das besagt gar nichts, so lange ich nicht weiß, wie hoch der Anteil der Rechtsformen an den vorhandenen Unternehmen ist. Denn interessant ist erst die Abweichung des Anteils an den Insolvenzen vom Anteil an den Unternehmen überhaupt.

Nun ist der Anschlusszwang eine speziell deutsche Angelegenheit. Zudem kennen das deutsche Genossenschaftsrecht und die entsprechende Praxis die so genannten Gründungsprüfungen. Hierbei stellt der prüfende Verband eine Bescheinigung aus, wonach die neue Genossenschaft zur Mitgliedschaft in dem Verband zugelassen ist. Ferner ist eine „gutachtliche Äußerung des

Prüfungsverbandes" notwendig, „ob nach den persönlichen oder wirtschaftlichen Verhältnissen, insbesondere der Vermögenslage der Genossenschaft, eine Gefährdung der Belange der Mitglieder oder der Gläubiger der Genossenschaft zu besorgen ist" - so schreibt es § 11, Abs. 2, Nr. 3 des Genossenschaftsgesetzes vor. Nach Ansicht der Verbände trägt auch diese Gründungsprüfung entscheidend dazu bei, dass die Insolvenzrate derart niedrig ist.

Auch an dieser Aussage sind Zweifel möglich. Aus dem Jahr 2012 gibt es eine „Stellungnahme des Europäischen Wirtschafts- und Sozialausschusses" (EWSA) der EU zu dem Thema „Genossenschaften und Umstrukturierung". Sie kommt zu dem generellen Ergebnis: „Genossenschaften sind in Krisenzeiten widerstandsfähiger als andere Unternehmensformen" (EWSA 2012: 1 und 7). So sei in Schweden „die Auflösungsrate bei Genossenschaften [...] niedriger als bei konventionellen Unternehmen" (EWSA 2012: 10) und im Vereinigten Königreich sei 2009 die Zahl der Genossenschaften um 10% gewachsen, während die Unternehmen insgesamt um 4,9% abnahmen. (EWSA 2012: 9). Zusammenfassend nennt die Stellungnahme des EWSA als Ursache die „Besonderheit der genossenschaftlichen Unternehmen", nämlich: „Sie verfolgen einen langfristigen Ansatz, sind stark territorial verwurzelt, fördern die Interessen ihrer Mitglieder und legen den Schwerpunkt auf die gegenseitige Zusammenarbeit" (EWSA 2012: 1).

Um im Ausland zu bleiben: In Italien kennt man weder Gründungsprüfungen noch Anschlusszwang. Trotzdem sind auch in Italien zum Beispiel im Jahr 2009 nur 0,2% der Genossenschaften in Insolvenz geraten, also der gleiche Anteil wie in Deutschland. Bei den Unternehmen sonstiger Rechtsformen waren es 0,6%. „Spätestens beim Blick auf die Insolvenzstatistik manifestiert sich als der Stabilitätsunterschied zwischen Genossenschaften und sonstigen Gesellschaftsformen für Unternehmen."

(Seifert 2013: 29). Genossenschaften sind in Italien im Durchschnitt langlebiger als Unternehmen anderer Rechtsformen. Von den 2003 existierenden Unternehmen sind bei den Genossenschaften 41,4% vor 1990 gegründet und bei den Unternehmen anderer Rechtsformen 26,3% (Seifert 2013: 26). Das bestätigt die erwähnte These von Heß, dass es für eine größere Sicherheit vor Insolvenzen bei Genossenschaften andere Gründe gibt als den Anschlusszwang und die Prüfungen durch einen Verband. Seifert nennt sie in Hinblick auf Italien ausführlicher: Von zentraler Bedeutung sind vor allem die rechtlich fixierten, vielfältigen Anreize zur leichteren Bildung von Kapitalreserven und zu deren Schonung. Auch die größere Nachhaltigkeit genossenschaftlichen Wirtschaftens nennt Seifert. (Vgl. Seifert 2013: 33ff. und 50f.).

Im Übrigen gibt es Grund genug, noch über eine andere Frage nachzudenken. Warum eigentlich sollen Genossenschaften nicht den gleichen Anforderungen ausgesetzt werden wie jedes andere Unternehmen auch? Das deutsche Wirtschaftssystem beruht auf marktwirtschaftlichen Grundsätzen. Zum Markt gehört ebenso wie Verantwortung und Selbstbestimmung auch die Bereitschaft, die Risiken zu übernehmen, die dem Marktgeschehen immanent sind. Ein Verband wie der DGRV wird unglaubwürdig, wenn er sich für die Marktwirtschaft einsetzt und auf der anderen Seite seine Mitglieder vor ihren Schwierigkeiten schützen will. Genossenschafter sind nicht dümmer, schlechter ausgebildet, charakterlich schwächer als alle anderen, die es wagen, sich wirtschaftlich zu betätigen. Warum sollten sie durch eine Käseglocke vor den Unbilden des Marktes geschützt werden? Es mag zutreffend sein, dass das Gebilde „Genossenschaft" schützenswerter ist als andere Marktteilnehmer. Denn Fehlentscheidungen des Vorstandes, der trotz aller Teilhaberrechte seiner Mitglieder abgehoben handelt, mögen sie – die Mitglieder – unvermutet schädigen. Um dem vorzubeugen könnten und sollten die Anforderungen an die Prüfung bei Genossenschaften noch ein Stück schärfer sein als bei anderen Rechtsformen. Das sollte aber reichen.

Ein zweiter Gesichtspunkt ist noch erwähnenswert: Es hat in der letzten Zeit einen Genossenschaftsverband gegeben, der in erhebliche wirtschaftliche Schwierigkeiten geriet und aufgeben musste. Es handelt sich um den Mitteldeutschen Genossenschaftsverband (MGV), der 2013 nur durch die Fusion mit dem ‚Genossenschaftsverband e. V.' (der ihn aufgenommen hat), vor der drohenden Insolvenz bewahrt blieb (vgl. Kaltenborn 2014: 297ff.). Damit hat das genossenschaftliche Verbandswesen sein eigenes Argument wertlos gemacht, nur durch die Verbandsmitgliedschaft könnten Genossenschaften sicherer vor Insolvenzen gemacht werden. Denn grundsätzlich muss jetzt im deutschen Genossenschaftswesen damit gerechnet werden, dass auch ein Verband, der durch seine Kompetenz den Genossenschaften beim Überleben helfen soll, nicht davor gefeit ist, sich selbst aufgrund wirtschaftlicher Inkompetenz zu Grunde zu richten. Das war eigentlich undenkbar, aber es ist geschehen und nichts bietet die Gewähr, dass es sich nicht wiederholen könne. Die Genossenschaftsverbände machten sich lächerlich, wenn sie nach wie vor behaupten wollten, die Pflichtmitgliedschaft gerade bei ihnen biete allen Genossenschaften einen sicheren Hort.

Alles in allem: Es ist dringend Zeit, die Gesetzesänderung von 1934 wieder zurückzudrehen. Das muss nicht vollständig geschehen. Aber die Zwangsmitgliedschaft sollte endlich wieder aufgehoben werden. Damit hätten wir einen Rechtszustand, wie heute in Österreich. Dort könnte man schon vorab die Wirkungen verlässlich analysieren. Die unselige Novellierung von 1934 jährte sich 2014 zum 80. Mal. Etwas mehr Schulze wiederherzustellen wäre nach acht Jahrzehnten nicht schlecht. Sein Ziel war schließlich: *Freie* Genossenschaften in einer freien Gesellschaft.

Quellen- und Literaturverzeichnis

ADR Bd. I 1986 Werner Schubert, Werner Schmidt u. Jürgen Regge (Hrsg.): Akademie für Deutsches Recht 1933 – 1945. Protokolle der Ausschüsse. Bd. I Ausschuss für Aktienrecht hrsg. v. Werner Schubert. Berlin-New York.

ADR Bd. IV 1989 Werner Schubert, Werner Schmidt u. Jürgen Regge (Hrsg.): Akademie für Deutsches Recht 1933 – 1945. Protokolle der Ausschüsse. Bd. IV Ausschuss für Genossenschaftsrecht hrsg. v. Werner Schubert. Berlin-New York.

Aschhoff/Henningsen 1995 Gunter Aschhoff und Eckart Henningsen: Das deutsche Genossenschaftswesen. Entwicklung, Struktur, wirtschaftliches Potential. (Veröffentlichungen der DG Bank Deutsche Genossenschaftsbank, Bd. 15). Zweite, völlig überarbeitete u. erw. Aufl. Frankfurt am Main.

Bernhardt 1889 Bernhardt [Vorname nicht ermittelt]: Folgen des neuen Genossenschaftsgesetzes. In: Blätter für Genossenschaftswesen. (Innung der Zukunft XXXVI. Jahrgang.) Organ des Allgemeinen Verbandes deutscher Erwerbs- und Wirthschaftsgenossenschaften.

Beuthien 2011 Volker Beuthien: Genossenschaftsgesetz mit Umwandlungs- und Kartellrecht sowie Statut der Europäischen Gemeinschaft, mit bearbeitet von Reinmar Wolff und Martin Schöpflin (Beck'sche Kurz-Kommentare Bd. 11). 15., neu bearbeitete u. erweiterte Aufl. München.

Blätter für Genossenschaftswesen 1941 88. Jg.

Bludau 1968 Kuno Bludau: Nationalsozialismus und Genossenschaften. Hannover.

Bracher 1962 Karl Dietrich Bracher: Stufen der Machtergreifung. In: Karl Dietrich Bracher, Wolfgang Sauer und Gerhard Schulz: Die nationalsozialistische Machtergreifung. Studien zur Errichtung des totalitären Herrschaftssystems in Deutschland 1933/34. Zweite, durchgeseh. Aufl. Köln und Opladen.

Bracher 1993 Karl Dietrich Bracher: Die deutsche Diktatur. Entstehung Struktur Folgen des Nationalsozialismus. 7. Aufl. Köln.

Brazda/Schediwy/Todev 1997 Johann Brazda, Robert Schediwy u. Tode Todev: Selbsthilfe oder politisierte Wirtschaft. Zur Geschichte des Österreichischen Genossenschaftsverbandes (Schulze-Delitzsch) 1872 – 1997. Wien.

Caemmerer 1959 Ernst von Caemmerer: Pflichtmitgliedschaft bei Prüfungsverbänden; Rechtsbehelfe gegen die Verweigerung der Aufnahme in einen Prüfungsverband. In: Bundesjustizministerium (Hrsg.): Zur Reform des Genossenschaftsrechts. Referate und Materialien. 3. Bd. Bonn.

DGRV 2013 DGRV – Deutscher Genossenschafts- und Raiffeisenverband e. V. (Hrsg.): Geschäftsbericht 2012. DGRV. Die Genossenschaften. Berlin.

DGV 1959 Deutscher Genossenschaftsverband (Schulze-Delitzsch) e. V. (Hrsg.): Festschrift zur 100-Feier des Deutschen Genossenschaftsverbandes (Schulze-Delitzsch) e. V. Bonn.

EWSA 2012 Europäischer Wirtschafts- und Sozialausschuss: Stellungnahme des europäischen Wirtschafts- und Sozialausschuss zum Thema „Genossenschaften und Umstrukturierung" (Initiativstellungnahme). CCMI/093 „Genossenschaften und Umstrukturierung". Brüssel.

Faust 1967 Helmut Faust: Die Zentralbank der deutschen Genossenschaften. Vorgeschichte, Aufbau, Aufgaben und Entwicklung der Deutschen Genossenschaftskasse. O. O.

Faust 1977 Helmut Faust: Geschichte der Genossenschaftsbewegung. Ursprung und Aufbruch der Genossenschaftsbewegung in England, Frankreich und Deutschland sowie ihre weitere Entwicklung im deutschen Sprachraum. 3., überarb. u. stark erweiterte Aufl. Frankfurt/Main

Feldmann 1936 Walter Feldmann: Die Rechtsstellung des Prüfers (Revisors) und der Prüfungsverbände (Revisionsverbände) bei den Erwerbs- und Wirtschaftsgenossenschaften in ihrer Entwicklung und nach geltendem Recht (Unter Berücksichtigung des Wirtschaftsprüferrechts und der Pflichtprüfung im Aktienrecht). Inaugural-Dissertation an der Rechts- und Staatswissenschaftlichen Fakultät der Universität zu Freiburg im Breisgau. Freiburg.

Fischer 2006 Albert Fischer: Jüdische Genossenschaftsbanken im nationalsozialistischen Deutschland 1933 – 1938. In: Vierteljahreshefte für Zeitgeschichte. 54. Jg. Heft 3.

Frank 1988 Claudia Frank: Der „Reichsnährstand" und seine Ursprünge. Struktur, Funktion und ideologische Konzeption. Hamburg.

Frank 1940 Hans Frank (Hrsg.): Das Recht der deutschen Genossenschaften. Denkschrift des Ausschusses für Genossenschaftsrecht der Akademie für Deutsches Recht. Vorgelegt von Walter Granzow (Arbeitsberichte der Akademie für Deutsches Recht hrsg. vom Präsidenten Reichsminister Hans Frank. Tübingen.

GenG 1867 Gesetz, betreffend die privatrechtliche Stellung der Erwerbs- und Wirthschaftsgenossenschaften. Vom 27. März 1867. Gesetzessammlung für die Königlichen Preußischen Staaten 1867 Nr. 34.

GenG 1871 Gesetz, betreffend die Deklaration des Gesetzes vom 4. Juli 1868. Vom 19. Mai 1871. Reichs-Gesetzblatt 1871 Nr. 21. *GenG 1889* Gesetz, betreffend die Erwerbs- und Wirthschaftsgenossenschaften. Vom 1. Mai 1889. In: Reichs-Gesetzblatt. 1889. No. 11 *GenG 1934* Gesetz zur Änderung des Genossenschaftsgesetzes. Vom 30. 10. 1934. Reichsgesetzblatt I 1934. Nr. 122.

GenG Begründung 1934 Begründung zum Gesetz zur Aenderung des Genossenschaftsgesetzes. Vom 30. Oktober 1934 (RGBl. I Nr. 122). In: Reichsanzeiger und Preußischer Staatsanzeiger, 1934 Nr. 256, Berlin, Donnerstag, den 1. November 1934, abends

Genossenschaftstag 1930 67. Deutscher Genossenschaftstag des Deutschen Genossenschaftsverbandes e. V. in Hamburg vom 31. August bis 3. September 1930. Berlin.

Genossenschaftstag 1932 68. Deutscher Genossenschaftstag des Deutschen Genossenschaftsverbandes e. V. in Dortmund vom 21. bis 24. August 1932. Berlin.

Genossenschaftstag 1933 69. Deutscher Genossenschaftstag des Deutschen Genossenschaftsverbandes e. V. in Berlin vom 25. und 26. August 1933. Berlin.

Genossenschaftstag 1936 Mitteilungen über den 71. Deutschen Genossenschaftstag des Deutschen Genossenschaftsverbandes am 11. Dezember 1936. Berlin.

Glenk 1996 Hartmut Glenk: Die eingetragene Genossenschaft. München. *Glenk 2013* Hartmut Glenk: Genossenschaftsrecht. Systematik und Praxis des Genossenschaftswesens. 2., neubearb. Aufl. München.

Guenther 1932 Ernst Guenther: Neue Meister kraft Blut und Arbeit. Versuch zur Neuordnung und zum Schutz des Deutschen Handwerks, Deutschen Handels und Deutschen Gewerbes. Berlin.

Henzler 1934 Reinhold Henzler: Erneuerung des deutschen Genossenschaftswesens. Berlin.

Henzler 1951 Reinhold Henzler: Das Genossenschaftsgesetz – ein Mittel zur Erhaltung der genossenschaftlichen Eigenart. In: Zeitschrift für das gesamt Genossenschaftswesen. Bd. 1 1951 Heft 3/4.

Henzler 1970 Reinhold Henzler: Der genossenschaftliche Grundauftrag: Förderung der Mitglieder. Gesammelte Abhandlungen und Beiträge. Frankfurt/Main.

Heß 2009 Fabian Wolfgang Heß: Die Pflichtmitgliedschaft in den Prüfungsverbänden auf dem Prüfstand. In: Zeitschrift für das gesamte Genossenschaftswesen. Bd. 59, Heft 4/2009.

Kaltenborn 2012a Wilhelm Kaltenborn: Ein großes deutsches Leben. In: Wilhelm Kaltenborn: Vision und Wirklichkeit. Beiträge zur Idee und Geschichte von Genossenschaften. Berlin.

Kaltenborn 2012b Wilhelm Kaltenborn: Schulze-Delitzsch und die soziale Frage. In: Wilhelm Kaltenborn: Vision und Wirklichkeit. Beiträge zur Idee und Geschichte von Genossenschaften. Berlin

Kaltenborn 2014 Wilhelm Kaltenborn: Schein und Wirklichkeit. Genossenschaften und Genossenschaftsverbände. Eine kritische Auseinandersetzung. Berlin.

Kaufmann 1903 Heinrich Kaufmann (Hrsg.): Jahrbuch des Zentralverbandes deutscher Konsumvereine. Erster Jahrgang 1903. Hamburg. *Kurzer 1997* Ulrich Kurzer: Nationalsozialismus und Konsumgenossenschaften. Gleichschaltung, Sanierung und Teilliquidation zwischen 1933 und 1935. Pfaffenweiler.

Lang 1951 Johann Lang: Anregungen, Wünsche und Forderungen zur Reform des deutschen Genossenschaftsrechts. b) Vom Standpunkt der gewerblichen Genossenschaften. In: Zeitschrift für das gesamte Genossenschaftswesen. Bd. 1 1951 Heft 3/4.

Lang/Weidmüller 1938 Johannes Lang und Ludwig Weidmüller: Das Reichsgesetz, betreffend die Erwerbs- und Wirtschaftgenossenschaften. Kleiner Kommentar von Ludolf Parisius und Hans Crüger. Dreiundzwanzigste, durchges. u. erg. Aufl. Berlin.

Lang/Weidmüller 1951 Johannes Lang und Ludwig Weidmüller, Gesetz, betreffend die Erwerbs- und Wirtschaftsgenossenschaften. Kleiner Kommentar. 26., neubearb. u. erg. Aufl. der von Parisius u. Crüger begonnenen erl. Textausgabe. Berlin.

Lang/Weidmüller 2011 Genossenschaftsgesetz (Gesetz betreffend die Erwerbs- und Wirtschaftsgenossenschaften). Mit Erläuterungen zum Umwandlungsgesetz. Kommentar, bearbeitet von Hans-Jürgen Schaffland u. a. Mit Erläuterungen zum Recht der Wohnungsgenossenschaften von Uwe Hannis/g. 37., neu bearbeitete Aufl. Berlin/Boston.

Letschert 1921 Reinhold Letschert: Die Durchführung der Verbandsrevision im Deutschen Genossenschaftsverband. 2., völlig umgearbeitete u. erw. Aufl. Berlin.

Letschert 1927 Reinhold Letschert: Die Revision der Genossenschaft. Ein Leitfaden für die Praxis. 3., völlig umgearb. u. erw. Auflage Berlin.

Letschert 1951 Reinhold Letschert: Die genossenschaftliche Pflichtprüfung. 5. völlig umgearb. u. erweit. Aufl. Wiesbaden-Biedrich.

Lukas 1972 Klaus Lukas: Der Deutsche Genossenschaftsverband. Entwicklung, Struktur und Funktion. Berlin.

Michalski 2010 Lutz Michalski: Syst. Darstellung 1: Überblick über das GmbH-Recht. In: Lutz Michalski (Hrsg.): Kommentar zum Gesetz betreffend die Gesellschaft mit beschränkter Haftung (GmbH-Gesetz). Bd. I: Systematische Darstellungen. §§ 1- 34 GmbHG. 2., neu bearb. Aufl. München.

Müller 1998 Klaus Müller: Kommentar zum Gesetz betreffend die Erwerbs- und Wirtschaftsgenossenschaften. Dritter Bd. (§§ 43 – 64c). Bielefeld.

Neumayer 1956 Fritz Neumayer: Vorwort. In: Bundesjustizministerium (Hrsg.): Zur Reform des Genossenschaftsrecht. Referate und Materialien. 1. Bd. Bonn

Parisius 1868 Ludolf Parisius (Hrsg.): Das Preußische Gesetz betreffend die privatrechtliche Stellung der Erwerbs- und

Wirthschaftsgenossenschaften vom 27. März 1867 nebst den Einführungs-Verordnungen vom 12. Juli, 12. August und 22. September 1867 und den Ministerial-Instruktionen vom 2. Mai, 10. August, 25. September und 26. Oktober 1867. Mit Einleitung und Erläuterungen zum praktischen Gebrauch für Juristen und Genossenschafter. Berlin.

Parisius 1889 Ludolf Parisius: Das Reichsgesetz, betreffend die Erwerbs- und Wirthschafts-Genossenschaften. Vom 10. Mai 1889. Text-Ausgabe mit Anmerkungen und Sachregister. Zweite durch die Ausführungs-Verordnung vom 11. Juli 1889 vermehrte Ausgabe. Berlin.

Paulick 1951 Heinz Paulick: Die Stellung der Prüfungsverbände im deutschen Genossenschaftsrecht. In: Zeitschrift für das gesamt Genossenschaftswesen. Bd. 1 1951 Heft 3/4.

Pramann 1972 Götz Pramann: Die genossenschaftlichen Betreuungsverbände. Ein Beitrag zur Rechtsstellung der genossenschaftlichen Verbände. Hamburg.

Preußischer LT 1863 Stenographische Berichte. Haus der Abgeordneten [Preußischer Landtag] Anlagen zu den Verhandlungen des Abgeordnetenhauses. Bd. 3, Aktenstück Nr. 72. Berlin.

Reichskanzlei-Akten 2008 Hans Günter Hockerts und Hartmut Weber (Hrsg.): Akten der Reichskanzlei. Regierung Hitler 1933-1945. Bd. V 1938 München.bearbeitet von Friedrich Hartmannsgruber.

RT 1888 Stenographische Berichte über die Verhandlungen des Reichstages. 7. Legislaturperiode – IV. Session 1888/89. 1. Bd. Berlin. 14. Sitzung am 13. Dezember 1888.

Schröder 1951 Georg Schröder: Der Stand der Reformbestrebungen auf dem Gebiet des deutschen Genossenschaftsrechts. In: In: Zeitschrift für das gesamt Genossenschaftswesen. Bd. 1 1951 Heft 3/4.

Schulze 1983 Hagen Schulze: Weimar. Deutschland 1917 – 1933. Zweite, durchgeseh. Aufl. Berlin.

Schulze-Delitzsch 1870a Hermann Schulze-Delitzsch: Erster Gesetzentwurf des Verfassers. (Innung der Zukunft Jahrg. 1860 S. 45.). In: Die Entwickelung des Genossenschaftswesens in Deutschland. Auszug aus dem Organ des Allgemeinen Verbandes deutscher Erwerbs- und Wirthschaftsgenossenschaften

„Blätter für Genossenschaftswesens" (früher Innung der Zukunft). Berlin.

Schulze-Delitzsch 1870b Hermann Schulze-Delitzsch: Zweiter Gesetz-Entwurf des Verfassers. Das allgemeine deutsche Handelsgesetzbuch und die deutschen Genossenschaften. (Innung der Zukunft Jahrg. 1862 S. 1). In: Die Entwickelung des Genossenschaftswesens in Deutschland. Auszug aus dem Organ des Allgemeinen Verbandes deutscher Erwerbs- und Wirthschaftsgenossenschaften „Blätter für Genossenschaftswesens" (früher Innung der Zukunft). Berlin.

Schulze-Delitzsch 1870c Hermann Schulze-Delitzsch: Die Entwickelung des Genossenschaftswesens. Auszug aus dem Organ des Allgemeinen Verbandes deutscher Erwerbs- und Wirthschaftsgenossenschaften: „Blätter für Genossenschaftswesen" (früher Innung der Zukunft). Berlin.

Schulze-Delitzsch 1883a Hermann Schulze-Delitzsch: Material zur Revision des Genossenschafts-Gesetzes. Nach dem neuesten Stand der Frage geordnet. Leipzig.

Schulze-Delitzsch 1883b Hermann Schulze-Delitzsch: Das socialpolitische Testament [Überschrift der Redaktion]. In: Der Gewerkverein. Organ des Verbandes der Deutschen Gewerkvereine sowie für Einigungsämter, Versicherungs- und Produktivgenossenschaften. 15. Jg.

Seifert 2013 Alexandra Seifert: Über den Tellerrand. Chancen der Rechtsform der „Kleinen Genossenschaft". Die Insolvenzneigung italienischer Genossenschaften. Hrsg. v. d. Heinrich-Kaufmann-Stiftung. Norderstedt Hamburg.

Stappel 2013 Michael Stappel: Die deutschen Genossenschaften 2013. Entwicklungen – Meinungen –Zahlen. Wiesbaden.

St. Jb. 1929 Statistisches Reichsamt (Hrsg.): Statistisches Jahrbuch für das Deutsche Reich. 48. Jg. Berlin.

St. Jb. 1930 Statistisches Reichsamt (Hrsg.): Statistisches Jahrbuch für das Deutsche Reich. 49. Jg. Berlin.

St. Jb. 1931 Statistisches Reichsamt (Hrsg.): Statistisches Jahrbuch für das Deutsche Reich. 50. Jg. Berlin.

St. Jb. 1932 Statistisches Reichsamt (Hrsg.): Statistisches Jahrbuch für das Deutsche Reich. 51. Jg. Berlin.

St. Jb. 1933 Statistisches Reichsamt (Hrsg.): Statistisches

Jahrbuch für das Deutsche Reich. 52. Jg. Berlin.

St. Jb. 1940 Statistisches Reichsamt (Hrsg.): Statistisches Jahrbuch für das Deutsche Reich. 58. Jg. Berlin.

Strub 1938 H. B. Strub: Die ländlichen Genossenschaften nach der nationalsozialistischen Erhebung. In: Reinhold Henzler (wiss. Bearbeiter): F. Wilhelm Raiffeisen zum Gedächtnis. Neuwied.*ten Haaf 2006* Hermann-Josef ten Haaf: Kreditgenossenschaften im „Dritten Reich". Bankwirtschaftliche Selbsthilfe und demokratische Selbstverwaltung in der Diktatur (Stuttgarter historische Studien zur Landes- und Wirtschaftsgeschichte 16). Ostfildern.

Thorwart 1889 Friedrich Thorwart: Genossenschaft oder Aktiengesellschaft? In: Blätter für das Genossenschaftswesen (Innung der Zukunft XXXIII. Jg.) Organ des Allgemeinen Verbandes deutscher Erwerbs- und Wirthschaftsgenossenschaften.

Thorwart 1913 Friedrich Thorwart (Hrsg.): Hermann Schulze-Delitzsch's Schriften und Reden. V. Bd. Berlin. (Bd. V, ohne eigenen Titel, enthält die Biographie Schulze-Delitzschs, laut Vorwort von Thorwart und Stein verfasst).

Tillmann 1980 Hugo Tillmann: Genossenschaftsgeschichte. In: Eduard Mändle und Hans-Werner Winter (Hrsg.): Handwörterbuch des Genossenschaftswesens. Hrsg. im Auftrag des Deutschen Genossenschafts- und Raiffeisenverbandes e. V. Wiesbaden.

Wehler 2003 Hans-Ulrich Wehler: Deutsche Gesellschaftsgeschichte. Vierter Bd. Vom Beginn des Ersten Weltkriegs bis zur Gründung der beiden deutschen Staaten 1914 – 1949. Frankfurt am Main, Zürich, Wien.

WP-Verordnung 1936 Verordnung über öffentlich bestellte Wirtschaftsprüfer im Genossenschaftswesen. Vom 7. Juli 1936. Reichsgesetzblatt I, 1936 Nr. 67.